项目大赛引领下的浙江志愿服务发展的实践探索

王 雁 著

浙江工商大学出版社

ZHEJIANG GONGSHANG UNIVERSITY PRESS

·杭州·

图书在版编目（CIP）数据

项目大赛引领下的浙江志愿服务发展的实践探索 /
王雁著. — 杭州：浙江工商大学出版社，2020.5（2023.4 重印）
　　ISBN 978-7-5178-3819-7

　　Ⅰ.①项… Ⅱ.①王… Ⅲ.①志愿者－社会服务－概
况－浙江 Ⅳ.①D669.3

中国版本图书馆 CIP 数据核字（2020）第 069031 号

项目大赛引领下的浙江志愿服务发展的实践探索

XIANGMU DASAI YINLING XIA DE ZHEJIANG ZHIYUAN FUWU FAZHAN DE SHIJIAN TANSUO

王　雁著

责任编辑	吴岳婷
封面设计	林朦朦
责任印制	包建辉
出版发行	浙江工商大学出版社
	（杭州市教工路 198 号　邮政编码 310012）
	（E-mail：zjgsupress@163.com）
	（网址：http://www.zjgsupress.com）
	电话：0571－88904980,88831806（传真）
排　　版	杭州朝曦图文设计有限公司
印　　刷	广东虎彩云印刷有限公司绍兴分公司
开　　本	710mm×1000mm　1/16
印　　张	9.75
字　　数	105 千
版 印 次	2020 年 5 月第 1 版　2023 年 4 月第 2 次印刷
书　　号	ISBN 978-7-5178-3819-7
定　　价	38.00 元

前　言

志愿服务是中华民族传统美德的体现,是国家发展和社会文明进步的重要标志,也是推进社会治理现代化的重要力量。习近平总书记多次给志愿者回信,寄予厚望,对志愿工作给予高度肯定,并作出重要指示。习总书记 2019 年 1 月 17 日考察天津朝阳里时指出,志愿服务是社会文明进步的重要标志,志愿者事业要同"两个一百年"奋斗目标、同建设社会主义现代化国家同行,要求各级党委和政府为志愿服务搭建更多平台,更好地发挥志愿服务在社会治理中的积极作用。党中央高度重视志愿服务工作,自党的十八大要求大力推进志愿服务发展以来,中央已经出台了一系列文件对志愿服务提出明确要求,中央全面深化改革领导小组第二十四次和第二十七次会议专题部署志愿服务工作。党的十九届四中全会精神也赋予志愿服务参与社会治理现代化的重要职能。以习近平同志为核心的党中央对志愿服务的总体要求和部署,为新时代志愿服务事业全面发展提供了政治指引和根本遵循。

近年来浙江志愿服务蓬勃发展,志愿服务的内容和形式不断拓展,服务质量和专业化水平不断提高,常态化的志愿服务蔚然成风,浙江省志愿服务已经跻身全国志愿服务发展前列。"志愿汇"平台数据显示,截至 2019 年底,浙江省注册志愿者总数已达 1565万,在社会治理、扶贫帮困、大型活动、公共服务、环境保护等方面发挥了积极作用,成功打造了"小青荷""微笑亭""武林大妈""红日亭"等知名志愿服务品牌。广大志愿者特别是青年志愿者为 G20杭州峰会、世界互联网大会、大学生运动会、残运会等大型活动提供了高质量的志愿服务,为有关大型活动的顺利举办做出了重要贡献。

为奋力推进"两个高水平"浙江建设,大力挖掘、扶持、宣传全省志愿服务优秀项目,推动志愿服务项目化、长效化、品牌化发展,共青团浙江省委从 2016 年起连续 4 年依托省志愿者协会和省团校举办浙江省青年志愿服务项目大赛,笔者有幸在具体承办部门负责大赛的举办,全程见证了浙江省志愿服务组织的成长过程和志愿服务项目的日益专业化、规范化过程,欣喜地看到了在项目大赛的引领下浙江志愿服务事业的蓬勃发展。

为进一步总结提炼浙江特色志愿服务创新发展的实践经验,探索志愿服务参与社会治理的规范化发展思路,笔者结合工作实践和研究体会,专门撰写了本书。本书分 6 章,纵向梳理了四届省级项目大赛的亮点,剖析了获奖的优秀参赛志愿服务项目,归纳了大赛对志愿服务发展的促进作用,总结了以制度化发展、项目化发展、标准化发展和信息化发展等为特征的浙江志愿服务创新实践现状,并就如何深度参与现代社会治理以回应人们对美好生活的需求,提出了推动自下而上的志愿服务参与社会治理新格局、落实多元融合的服务体系、健全志愿服务管理体制、完善志愿服务制度体系、优化省级志愿服务项目大赛等实施性建议。

志愿服务事业还在不断完善和发展的进程中,不仅需要广大志愿者的积极实践,更需要理论工作者的辛勤耕耘。笔者希望从自身多年从事理论研究和实践工作的角度去探索志愿服务领域的实践空间,更期待与更多的志愿服务同仁一起努力,共同为志愿服务事业的发展贡献一分力量。

笔者

2020 年 3 月

目　录

第一章　绪　论 ……………………………………… 001

第一节　问题缘起 …………………………… 003

第二节　研究背景 …………………………… 006

第三节　核心概念 …………………………… 013

第四节　研究方法 …………………………… 017

第二章　浙江省志愿服务项目大赛概况 ………… 019

第一节　浙江省志愿服务项目大赛的发展沿革

…………………………………………… 021

第二节　浙江省志愿服务项目大赛的主要特点

…………………………………………… 033

第三节　浙江省志愿服务项目大赛的基本功能

…………………………………………… 036

第三章　浙江省志愿服务项目大赛历届经典项目剖析

　　　　　　‥‥‥‥‥‥‥‥‥‥‥‥‥‥‥‥‥‥‥‥‥ 043

　　第一节　环境保护类志愿服务项目‥‥‥‥‥‥ 045

　　第二节　助老助残类志愿服务项目‥‥‥‥‥‥ 051

　　第三节　社区治理类志愿服务项目‥‥‥‥‥‥ 058

　　第四节　困境青少年类志愿服务项目‥‥‥‥‥ 063

　　第五节　文化宣传类志愿服务项目‥‥‥‥‥‥ 068

　　第六节　恤病助医类志愿服务项目‥‥‥‥‥‥ 072

第四章　项目大赛对浙江省志愿服务发展的引领与提升

　　　　　　‥‥‥‥‥‥‥‥‥‥‥‥‥‥‥‥‥‥‥‥‥ 079

　　第一节　强化志愿服务的政治引领‥‥‥‥‥‥ 081

　　第二节　突出志愿服务的实践育人‥‥‥‥‥‥ 083

　　第三节　助力志愿服务的专业提升‥‥‥‥‥‥ 085

　　第四节　促进志愿服务的社会治理‥‥‥‥‥‥ 088

　　第五节　扩大志愿服务的品牌影响‥‥‥‥‥‥ 091

第五章　浙江省志愿服务创新发展的实践特色‥‥ 101

　　第一节　浙江省志愿服务的实践与探索‥‥‥‥ 103

　　第二节　浙江省志愿服务的制度化探索与实践

　　　　　　‥‥‥‥‥‥‥‥‥‥‥‥‥‥‥‥‥‥‥‥‥ 105

第三节　浙江省志愿服务的项目化探索与实践

　　　　…………………………………………… 109

第四节　浙江省志愿服务的标准化探索与实践

　　　　…………………………………………… 112

第五节　浙江省志愿服务的信息化探索与实践

　　　　…………………………………………… 114

第六章　**对浙江省志愿服务创新实践的若干反思** …… 117

第一节　浙江省志愿服务创新实践中的不足

　　　　…………………………………………… 119

第二节　浙江省志愿服务创新发展的思考…… 122

附件一　关于举办 2019 年浙江省青年志愿服务项目大赛

的通知 …………………………………………… 127

附件二　关于举办 2018 年浙江省志愿服务项目大赛的通知

　　　　…………………………………………… 132

附件三　关于举办 2017 年浙江省志愿服务项目大赛的通知

…………………………………………………… 136

参考文献 ………………………………………… 142

第一章

绪　论

第一节 　 问题缘起

对志愿服务项目大赛运行机制进行研究是志愿服务事业自身发展和社会文明进步的需求。项目大赛是志愿服务工作的重要组成部分,能着力传播和弘扬志愿文化,充分凝聚志愿共识,有序汇聚志愿力量,展示宣传优秀志愿服务项目,有效提升志愿服务参与者专业能力,积极凝聚基层志愿服务组织力量,推动志愿服务体系建设,促进志愿服务在实践育人、社会治理、乡村振兴和新时代文明实践中发挥更加积极的作用。

一、志愿服务制度化和规范化发展的要求

我国志愿服务事业经过萌芽、兴起与发展,已经进入制度化和规范化的阶段,志愿服务的实践积累已非常丰富,理论体系也初步形成,中国特色正日益凸显。从发展趋势看,志愿者事业要以“推进志愿服务制度化”为统领,积极推动志愿服务由相对传统的活动型向全面而深刻的专业化、信息化和国际化转变;要求与时俱进、开拓进取,不断拓展志愿服务领域,不断丰富志愿服务内容,不断细化志愿服务项目,不断提升志愿服务实效。原先粗犷式、广泛化的“扫大街、看老人、做表演”等活动性质的志愿服务形式,已经远

远不能满足目前志愿服务发展的需求了。新时代志愿服务如何为解决好人们日益增长的美好生活需要和不平衡不充分的发展之间的矛盾贡献自己的力量，是当今志愿服务发展研究的重要课题。近年来，伴随项目化理念的发展与扩散，志愿服务运行中开始逐步引入项目化方式，并取得了良好的成效。

志愿服务项目化运行是志愿服务制度化、规范化的重要实现路径，是提升志愿服务社会效益，回应社会多样化需求的重要方式。目前，项目化运作已经成为许多志愿者组织选择的一种有效活动形式，有利于志愿组织集中有限资源和精力做好某一领域的服务，在短时间内快速积累该领域志愿服务的经验；有利于志愿者组织和志愿者在项目策划、项目实施、项目提升的过程中快速成长成熟；有利于志愿服务找准某一适合的方向，深耕某一领域，使志愿服务更专业、持久和有效；有利于志愿服务在长期坚持、深入持久的项目化运作过程中，在志愿服务领域产生影响大、符合预期的服务效果。

志愿服务的项目化发展，是逐步深入、层层递进地向精细化、专业化发展的过程。如果一个志愿者组织，没有相对固定的志愿服务项目，盲目跟风，年年都做不同的志愿服务，日常工作忙于应付各种浮于表面的服务活动，就像蜻蜓点水，是浅尝辄止，很难产生实质性的服务效果，其实也是对志愿者热情、精力和资源的浪费。因此，要有重点地选择合适的某个或某些子项目作为组织的重点服务项目，做成组织的特色与品牌，不断钻研和提升服务水平，努力向专业化方向发展，这是志愿服务今后发展的趋势。

二、社会文明进步及社会治理的需求

习近平总书记指出:"志愿服务是社会文明进步的重要标志"。社会良性运行与进步离不开榜样的示范与引领,志愿者被称作"为社会做贡献的前行者、引领者"。志愿服务是建设民主法治国家的重要力量,公民通过参与志愿服务,在体现公民社会责任意识的同时,实现了有效参与社会公共事务的目的;志愿服务倡导和引领社会公平正义的价值观,公民通过志愿服务践行公平正义,促进社会的进步;社会组织的良性发展是现代社会有序运行的重要条件,志愿服务推动社会组织建设,有利于公民社会发育;志愿服务是社会润滑剂、调节器和平衡器,通过服务为政府分忧、为百姓解难,既能减少由于社会转型以及群体利益的分化带给部分社会成员的孤立感和不平衡感,又能在全社会形成团结互助、平等友爱、共同进步的和谐社会氛围。可见,志愿服务体现了现代社会公民的成熟度,志愿服务活跃度是衡量现代社会文明进步的重要标尺。

当代中国的志愿服务,已经从共青团的一项开创性工作,发展成为国家现代化治理体系的有效构成和现代化治理能力建设的有生力量。作为社会服务的重要组成部分,我国已经形成了从上到下的志愿服务组织发展体系。政府将志愿服务纳入国家治理现代化的整体战略部署,党的各级宣传部门、精神文明建设部门共同担负起领导志愿服务的任务,民政部门等政府机构负责推进志愿服务的具体工作,共青团、妇联等群团组织在各自领域内组织了一系列有重大影响的志愿服务项目,中国志愿服务联合会等社会组织广泛组织动员群众。志愿服务作为社会保障体系的组成部分,促使社会更加公正公平。志愿服务秉承"需求导向、弱势优先"的服务原则,弥补社会保障体系的不完善之处;志愿服务可以缓解由市场经济中优胜劣汰造成的部分弱势群体的困境,弥补社会救助力量的不足;志愿服务可以合理协调社会资源,弥补社会主义市场经济调控体系的不足。

参与社会治理是志愿服务深入持久的动力,志愿服务进入中国大地就是出于社会建设与治理的需要。随着志愿服务进入国家发展战略层面,其逐渐成为参与社会治理的重要力量。党的十九大提出"打造共建、共治、共享的社会治理格局",其中共建是基础,共治是关键,共享是最终目标。而志愿服务在"共建、共治、共享"中发挥基础作用,在全社会宣扬志愿精神。

第二节　研究背景

一、中国特色语境下的志愿服务发展概况

志愿服务是新时代完善国家治理体系、促进社会文明进步的重要载体。党的十九大以来,以习近平同志为核心的新一代中央领导集体高度重视志愿服务工作,习近平总书记多次给志愿者回信、寄语,2019年7月还在中国志愿服务联合会第二届会员大会召开之际发来贺信,提出:"希望广大志愿者、志愿服务组织、志愿服务工作者立足新时代、展现新作为,弘扬奉献、友爱、互助、进步的志愿精神,继续以实际行动书写新时代的雷锋故事。"中央全面深

化改革小组两次专题讨论部署志愿服务工作,党的十九大直接将"推进诚信建设和志愿服务制度化,强化社会责任意识、规则意识、风险意识"写入工作报告,为新时期志愿服务工作指明了方向,为志愿服务事业全面发展提供了重要遵循。

相对于西方志愿服务 100 多年发展历史而言,中国志愿活动的兴起缘自政府自上而下的倡导和推动,志愿服务的概念从 20 世纪 80 年代引入中国后,目前尚处于规范化发展时期。其主要经历了三个阶段。

第一阶段是 20 世纪 60 年代至 80 年代,是在"学雷锋"基础上创新发展起来的一种带有中国特色的"志愿实践"义务运动。1963 年 3 月,毛泽东主席发出了"向雷锋同志学习"的号召后,各级政府结合现实需要和中国传统文化中的无私奉献精神,探索着学习雷锋、贯彻雷锋精神的新形式和新方法,开展了一系列学雷锋活动。该系列义务运动中,普通民众积极响应,长期坚持参加各种义务活动,民众服务社会的意识得到增强,无私奉献精神也得以弘扬,为中国志愿服务事业打下了良好的群众基础。

第二阶段是 20 世纪 80 年代中期至 2007 年,中国的志愿服务事业以青年志愿行动、社区服务和大型赛会服务为主要形式,实现了前所未有的跨越式发展。青年志愿服务是以 1983 年北京市原宣武区大栅栏街道推出的"综合包户"志愿服务为发端,继而广州和深圳借鉴港澳台等地的志愿服务经验分别于 1987 年和 1990 年创立了"中学生心声热线"和"深圳市青少年义务社会工作者联合会",1993 年 12 月 2 万名铁路青年职工率先打出了"青年志愿者"的旗帜,自发地开展在京广铁路沿线为旅客送服务、送温暖活动。

这在共青团系统掀起了青年志愿服务的高潮。而社区志愿服务是以民政部于 1986 年提出的在全国开展社区服务为标志,其服务内容是便民服务和民政福利。1987 年 9 月,民政部在武汉市举办了全国社区服务工作座谈会。此后,社区服务在北京、上海、天津、深圳等各大城市广泛地开展起来,其中表现最突出的是 1989 年在天津和平区新兴街道成立的社区服务志愿者组织,这是最早建立起来的覆盖全区的志愿服务网络。随着社区组织的发展,社区志愿服务逐渐由京津沪等大城市扩展到了全国。其间,大型赛会志愿服务也得到发展,北京市 4 万名大学生成立了"首都高校亚运会义务服务人员大队"参与 1990 年第十一届亚运会服务,承担了有关宣传准备、环境清理、会务服务等重要工作,开了大学生志愿服务国家大型赛会的先河。其后,大学生都以志愿服务的形式参与了第三届远南残疾人运动会、第四届世界妇女大会等大型赛事和会议,这为下一阶段在大型赛会开展青年志愿行动积累了宝贵的经验。

同时,我国在志愿服务的制度建设方面也取得了一定成果。中共十四届六中全会把深入开展"青年志愿者"活动写入了《中共中央关于加强社会主义精神文明建设若干重要问题的决议》;中共十六届六中全会明确提出建立与政府服务、市场服务相衔接的社会志愿服务体系的要求;在国务院 2003 年批准颁布的《中国 21 世纪初可持续发展行动纲要》中,也表示要大力开展志愿服务促进中国社会发展。此外,早在 1999 年广东省就通过了中国第一部关于青年志愿服务的地方性法规——《广东省青年志愿服务条例》,此后,全国有 16 个省区市制定和实施了有关志愿者的地方性法规。

在这一阶段,中国的志愿者队伍急剧扩大,志愿者组织如雨后春笋般涌现,民众参与志愿活动的热情空前高涨,志愿精神和志愿理念在全社会得到了前所未有的宣传和弘扬。截至 2007 年底,中国注册的志愿者总人数已经达到了 2511 万,累计有 2.68 亿人次的青年和社会公众提供了超过 61 亿小时的志愿服务。

第三阶段以 2008 年的北京奥运会志愿服务和汶川抗震救灾志愿服务为开端,中国志愿服务迈入快速发展的重要阶段,2008 年也被认为是中国的"志愿者元年"。该阶段中国民众对志愿服务的认可度和支持度明显提高,志愿主题网站不断涌现,对志愿者的注册管理、培训激励、权益保障等相关政策也在不断制定与完善中,志愿服务走上了平稳、成熟的发展轨道。不仅志愿者队伍的种类不断增加,吸引了各行业、各阶层的人员参加,而且志愿者队伍也逐步向专业化转型,涌现出了一批服务品牌。同时,志愿服务也进入了政府工作规划和国家战略发展的视野。北京市、广东省等一些较发达地区的政府都将志愿服务列入了政府的工作规划,制定了志愿服务发展目标。中央也明确了中国志愿服务的领导机制,中央文明办于 2008 年与民政部、全国总工会、共青团中央、全国妇联、中国科协、中国残联、中国红十字总会和全国老龄办共同组建了全国志愿服务活动协调小组,为规划和指导全国志愿者队伍建设提供了协调工作机制。民政部门、共青团、工会、妇联、红十字会等经过多年探索和努力在各自组织体系内形成了志愿服务工作网络。各省区市纷纷实施了志愿服务条例和法规,2016 年、2017 年《中华人民共和国慈善法》《志愿服务条例》正式实施,全国性志愿服务立法形成;部分地区还制定了志愿行为的奖励制度,明确表示志愿者在公务员录用、高校招生和企业招工等方面享受优惠,深圳、上海等许多地方还开始了政府购买志愿服务项目的尝试。

二、浙江省志愿服务发展历史和发展阶段

浙江省志愿者行动开始于 1993 年底,经过 27 年的发展,志愿服务事业已从小到大、由弱到强、从单项活动到系列服务、从共青团组织主导到社会各界广泛参与,活动规模、社会影响不断扩大,在环境保护、社区服务、大型赛会、抢险救灾等各个领域发挥了积极作用,已成为社会各界热切关注和倾心支持的高尚事业,也成为引导广大群众投身社会主义精神文明建设的有效载体。多年来,浙江志愿服务的发展进程,始终与中国志愿服务发展进程相一致,与浙江经济、社会、人民生活发展相协调,在推动社会治理创新发展的过程中,不断以高水平的服务回应人们的基本需求,弥补政府、市场保障的不足。

以重要的立法为节点,浙江志愿服务发展可以分为三个阶段。

第一阶段,1993 年至 2005 年,是以学雷锋志愿服务、社区志愿服务为主要形式,以项目化推进为延伸的探索发展和过渡时期。1993 年,浙江省共青团组织在全省启动青年志愿者行动,率先扛起志愿服务的大旗,开启对志愿服务工作的探索,最初以学雷锋便民服务、"一助一"服务为主要内容,以不定期、小规模活动为主要形式,以行政化号召式的活动发动为主要动员方式,在省、市、县以及乡镇(街道)建立志愿者协会或服务站,初步形成志愿服务的组织网络。2003 年,先后启动大学生志愿服务"两项计划",即对西部地区和省内欠发达地区提供志愿服务,逐渐以项目化操作为主要形

式,服务内容也得到不断扩展,形成了援助性志愿服务项目、专业性志愿服务项目、公益性志愿服务项目、赛会型志愿服务项目四大类重点服务项目,以组织化与社会化动员相结合的方式,引导志愿者参与弱势群体帮扶、文明城市创建、社会主义新农村建设、生态环境保护、无偿献血等社会公益事业。

第二阶段,2006 年至 2016 年,是以推进志愿服务立法、制度建设、完善组织机构为主要内容的全面推进和迅猛发展时期。这一阶段,一是加大了对志愿服务的法制化管理。2006 年 12 月,《浙江省志愿服务条例》被浙江省人大常委会列入 2007 年立法计划一类项目;2008 年 3 月 5 日《浙江省志愿服务条例》正式颁布实施,以法规的形式对于志愿服务进行规范与调整,明确志愿者的具体职责和权利义务,保障志愿者合法权益,标志着浙江省志愿服务工作走上法制化、规范化的发展轨道;随后,陆续出台了《浙江省志愿服务事业发展纲要(2014—2017 年)》《浙江省注册志愿者管理办法》《浙江省志愿服务时数记录制度》等文件,为浙江志愿服务工作的总体规划、统筹协调、整体推进和督促落实提供了有力支撑;2016 年,省发改委、中国人民银行杭州中心支行等 10 家单位联合印发《浙江省青年守信联合激励措施的实施意见》开创全国之先。二是加大了对于志愿服务领导协调机构的建设,全省 11 个地级市均成立由党委、政府分管领导牵头,由有关职能部门和单位共同组成的志愿服务工作委员会,形成以志工委为指导协调、志愿者协会为核心主干、其他志愿服务组织为重要力量的志愿服务工作体系。三是以"互联网+"为驱动,启动青年信用体系建设试点工作,加强全省志愿服务大数据标准化建设,实现志愿服务信息的互联共享和在社会信用领域的应用,使志愿服务超越了道德建设的范畴,延伸至社会进步事业多元空间。

第三阶段,2017年起至今,是以全国志愿服务立法为历史节点的志愿服务规范提升和转型发展时期。一个事业的规则走向立法是具有重大标志性意义的,往往标志着一个事业发展的新高度,2017年《志愿服务条例》出台,作为首部国家层面关于志愿服务的专门性行政法规,对志愿服务的管理架构、机制保障等进行顶层设计和整体布局,是以法律形式对文明办牵头实施志愿服务工作做了规定,直接指导了《浙江省志愿服务条例》的修订。修订后的《浙江省志愿服务条例》于2018年9月1日起实施,推动浙江省志愿服务事业再上新台阶,开启以制度化为统领、标准化为规范的新阶段,也将意味着志愿服务事业多方面协同参与、百花齐放的新时代的来临,志愿服务会更加主动地参与地方社会治理,成为国家治理能力和治理体系现代化的有效构成和有生力量。

近年来,浙江省深入学习领会党的十九大精神,贯彻落实国务院《志愿服务条例》,修订《浙江省志愿服务条例》,制定《浙江省青年信用体系建设规划(2018—2025年)》和《大型赛会志愿服务浙江地方标准》,深化助力"最多跑一次"改革志愿服务行动,不断推进志愿服务制度化发展。截至2018年底,浙江省共有1448万注册志愿者,4.99万支各类志愿服务队伍,5024个社区志愿服务站点;2018年共开展28.2万场次志愿服务活动,共有1205.37万人次参加志愿服务,服务时长达3999.7万小时。

第三节　核心概念

一、志愿服务项目

项目广泛存在于社会的各个领域,一般是指以某种方式把人、财、物组织起来,在一定时间,按一定成本,为完成某种产品、服务或目标而进行的一种临时活动。志愿服务项目是指根据社会需求,通过与志愿服务的利益相关方合作,将人、财、物等各种资源组织起来,在一定时间和一定成本内,为社会公众提供志愿服务工作。志愿服务项目一般具有以下几个特征。

(一)公益性

志愿服务项目主要是面对弱势群体,指针对政府公共服务和市场经济运行中无法解决,而现实又急需解决或缓解的社会问题设计项目、组建有效团队、提供志愿服务的一系列活动。志愿服务项目的终极追求是社会效益,而志愿者则秉承公益使命和强烈的社会责任感,运用自己的时间、精力、技能无偿为社会提供服务,具有很强的公益性。

(二)系统性

从项目整体而言,志愿服务项目根据预期目标,在一定的期限内,从项目启动、项目规划、项目实施、项目收尾到项目评估,至最后完成服务任务,其中各个过程都环环相扣,具有较强的系统性;就项目的执行过程而言,根据志愿服务自愿性的特点,服务项目的核心内容就是志愿者的系统管理过程,即根据项目的专业性需求,完成志愿者的招募、选拔、培训、上岗、评估等环节的工作。

(三)开放性

任何一项志愿服务项目的完成,都离不开各方志愿资源的整合,需要项目运作方具有较强的开放性战略思维。而开放性整合志愿资源是志愿项目开展的重要保障,围绕项目目标,根据志愿资源的自愿性、公益性和准公共物品的特性,项目运作方应推动政府加大对服务项目的投入,提升企业对服务项目的捐赠额度,增强社会组织对自身资源整合的能力,营造社会公众对志愿项目的支援氛围。

二、志愿服务项目大赛

中国青年志愿服务项目大赛是中国志愿服务领域级别最高、影响最大、参与最广的活动,是由共青团中央、中央文明办、民政部、水利部、国家卫生健康委员会、中国残疾人联合会、中国志愿服务联合会和有关省(区、市)党委、政府联合主办的一项旨在推动志愿服务创新发展的全国性赛会交流活动。志愿服务大赛这里特指中国青年志愿服务项目大赛,它源于志愿服务广州交流会(简称"广州志交会")。从 2011 年起,共青团广州市委员会从中国进出口商品交易会获得启发,创办广州志交会,把市场经济领域的成功经验改造、提升,为志愿者、志愿服务组织、爱心企业与个人和志愿服务需求机构搭建一个开放、高效的沟通对接平台,有效破解志愿服务项目、组织和资源无法科学配置的难题,推动各类志愿服务组织和志愿服务项目科学运行。2014 年,第四届广州志交会首次从区域性志愿服务交流活动升级为全国性青年志愿服务展示交流合作平台——中国青年志愿服务项目大赛。2014 年志愿服务广州交流会暨首届中国青年志愿服务项目大赛 12 月 3 日至 4 日在广州成功举行。赛会以"青春志愿行,共筑中国梦"为主题,旨在打造集展示交流、支持基层、资源整合、合作共享于一体的全国性志愿服务交流合作平台。30 余名志愿服务领域的专家,对通过初评入围的 505 个项目进行资料审阅、现场问询、综合评估,评定出赛会的金奖和银奖项目。赛会推动志愿服务组织、志愿服务项目、志愿服务资源按照项目化运作、社会化动员、事业化发展、制度化保障的要求有效对接,实现了强强联合,形成志愿服务的最优合力和最大影响力,创新了志愿服务平台建设和机制建设。赛会还是共青团发挥枢纽型社会组织作用的新尝试,为青年社会组织搭建了展示和交流的平台,吸引青年社会组织向团组织靠拢,进一步形成以团组织为核心、团内外青年志愿服务组织积极参与的志愿服务新格局。通过赛会,将逐步建立起志愿服务项目全国竞赛机制和体系,推动各级共青团和青年志愿者协会组织建立志愿服务项目库,承担政府需购买的公共服务项目,吸纳孵化公益服务类青年社会组织,整合对接各类社会资源,不断推进市县青年志愿者协会规范化建设。

　　自 2014 年在广州召开的首届全国范围的志交会,到 2015 年重庆志交会和 2016 年宁波志交会。2017 年后,志交会改为两年一届,2017—2018 年为第四届,分别在成都和德阳举办。第一年举办公益创业赛和示范项目创建活动,第二年举办面向社会各界、各领域的志愿服务项目大赛和集中性展示交流活动。经过五年的经验积累、四届的推广和传播,承载着广大青年志愿服务梦想的志交会专业性、规范性和融合性特色凸显,规模、交流和合作日益增强,走上了成熟的发展之路。参赛的志愿服务项目类型不断优化,目前有脱贫攻坚、环境保护、关爱少年儿童、阳光助残、邻里守望与助老服务、节水护水与水利公益宣传教育、文化与旅游、恤病助医、应急救援、禁毒教育与法律服务、理论研究、志愿服务支持平台及其他13 个类别的志愿服务项目;大赛搭建的全国性综合平台日益成熟,构建了以共青团为核心的青年志愿服务组织动员体系、以活动发布和志愿者招募为核心功能的网络动员体系,带动了中国青年志愿服务整体发展水平的全面提升;大赛完善了志愿服务项目体系建设,通过优秀项目的引导和动员,更多青年参与进了党和国家中心工作;大赛吸引了社会各界广泛关注志愿服务、践行志愿精神、参加志愿行动,大力加强了志愿精神的宣传推广,引领青少年将志愿服务作为向上向善的青春时尚。

三、实践

实践是一个哲学名词,经典的解释是主观见之于客观,主要是指人们能动地改造和探索现实世界一切客观物质的社会性活动。它是人类社会发展的普遍基础和动力,人自身和人的认识都是在实践的基础上产生和发展的。其基本特征是客观性、能动性和社会历史性。

实践的基本形式一般分两种。第一种是社会实践,是人与人之间所有实践活动的总和;第二种是自然实践,是人类以自然界为对象的所有活动的总和。

从实践活动看,实践发挥的创造作用贯穿了主体客体化与客体主体化。实践由实践主体、实践客体和实践手段三个方面构成。主体对客体有能动作用,客体对主体有制约作用。主体客体化指人通过实践使自己的本质力量转化为对象物,也就是主体对象化。如人类运用自己所掌握的科学知识制造出先进的生产工具。客体主体化,指客体从客观对象的存在形式转化为主体生命结构的因素或主体本质力量的因素,客体失去对象化的形式,变成主体的一部分。客体和外界事物的形态、属性、规律等经由人的实践活动拓宽了人的视野、发展了人的智慧、增长了人的才干、丰富了人的情感、磨炼了人的意志,从而转化为个体的素质和能力。如人类通过科学实验和生产实践获取了新的知识,提高了科学技术水平。

第四节 研究方法

一、个案研究法

在社会学中,个案研究法是一种针对某一特定对象,加以调查分析,弄清其特点及其形成过程的一种研究方法。个案研究法有三种基本类型:(1)个人调查,即对组织中的某一个人进行调查研究;(2)团体调查,即对某个组织或团体进行调查研究;(3)问题调查,即对某个现象或问题进行调查研究。该研究方法在社会学研究中具有重要地位,因为它最重要的优点就是尤其适用于获取有关课题的全面感受和丰富资料。

对浙江省志愿服务项目大赛运行机制的研究,笔者选取浙江省从 2016 年首届至 2019 年共 4 届省级志愿服务项目大赛作为研究样本,内容涵盖了大赛的动员机制、申报机制、评审机制、成果转化机制和激励机制等,通过纵向对比研究,既全面地梳理了目前浙江省志愿服务项目大赛的整体状况,也归纳剖析了浙江省志愿服务项目大赛的模式和特点,同时分析了大赛对浙江志愿服务项目化发展的决定性作用。

二、文献资料收集法

文献资料收集法是根据一定的研究目的和课题,通过调查文献来获得资料,从而全面准确地了解和掌握所要研究的问题的一种方法。该方法有利于了解问题的历史和现状,能形成关于研究对象的基本印象,有助于了解事物的全貌。

本书收集了团中央、各省市出台的有关青年志愿服务项目大赛的政策文件,并收集了与大赛、项目化管理等相关的文献资料和规章制度,为全面了解青年志愿服务项目大赛提供了背景材料和全面认识。

第二章

浙江省志愿服务项目
大赛概况

第一节　浙江省志愿服务项目大赛的发展沿革

浙江省志愿服务项目大赛始于 2016 年,每年举办一届,是由共青团浙江省委、浙江省志愿者协会主办,浙江省团校承办的志愿项目比赛和展示活动,是一项推动志愿服务项目化运作、社会化动员和制度化发展的重要活动,是目前浙江省志愿者、志愿组织和各类优秀志愿服务项目集中展示的主要形式。

一、第一届浙江省青年志愿服务项目大赛的概况

首届浙江省青年志愿服务项目大赛于 2016 年 9 月 7—9 日在浙江省团校举办,旨在将以青年为本的理念贯穿大赛始终,充分发挥青年志愿者的创造性,积极鼓励青年参与志愿服务的积极性,为青年志愿者创造自我展示的舞台,推进志愿服务项目化运作、社会化动员、常态化发展,促进了全省志愿者事业发展。

本次大赛以"青春志愿行　共筑中国梦"为主题,涵盖了阳光助残、关爱农民工子女与留守儿童、邻里守望与为老服务、环境保护与节水护水、扶贫开发与应急救援等 9 大类别。全省的社会组织、志愿者团体共申报了 880 余个项目,项目负责人以 PPT 讲解、答辩等形式向专家展示项目情况。

　　经过初赛评选,120 个入围项目中共评出 37 个项目进行决赛,
其中"有爱无碍,爱满杭城"——浙江工商大学无障碍地图项目等
13 个项目获得金奖,"粉红色的保护伞"——心智障碍者性教育与
自我保护项目等 24 个项目获得银奖。所有入围决赛的项目推荐
参加于当年 12 月在宁波举行的第三届中国青年志愿服务项目大
赛(获奖名单见表 2-1)。

表 2-1　2016 年浙江省青年志愿服务项目大赛金银奖获奖名单

序号	奖项	项目类别	项目名称
1	金奖	阳光助残	"有爱无碍,爱满杭城"——浙江工商大学无障碍地图项目
2	金奖	阳光助残	我是你的眼——"小橘灯"助残服务项目
3	金奖	关爱农民工子女与留守儿童	"青春变奏曲"生命教育项目
4	金奖	关爱农民工子女与留守儿童	台州青年之声"古咕丁"医疗知识普及计划
5	金奖	关爱农民工子女与留守儿童	乡村公益项目"艺游乡里"
6	金奖	环境保护与节水护水	"绿色天使在行动"——小学生环境教育项目
7	金奖	邻里守望与为老服务	"爸妈,我们回家"——关爱阿尔兹海默症患者
8	金奖	邻里守望与为老服务	老人与海——关爱海岛留守老人公益项目
9	金奖	文化宣传与网络文明	"传非遗,贯古今"——浙江工商大学弘扬杭州非遗文化志愿服务项目
10	金奖	其他领域	最忆杭州·微笑让城市更温暖——"微笑亭"志愿服务项目

续　表

序号	奖项	项目类别	项目名称
11	金奖	其他领域	杭州公益小天使
12	金奖	其他领域	"医路同行,急诊陪护365"
13	金奖	其他领域	37℃生命支持——温州地区PTHC健康促进志愿服务项目
14	银奖	阳光助残	"粉红色的保护伞"——心智障碍者性教育与自我保护项目
15	银奖	阳光助残	触摸天堂——浙江图书馆文化助盲阅读项目
16	银奖	阳光助残	"爱撒无声"言语康复志愿服务
17	银奖	阳光助残	"盲盲"人海　你我同行
18	银奖	阳光助残	梦想"1+1"心智残障者志愿服务项目
19	银奖	关爱农民工子女与留守儿童	候鸟圆梦计划——安利志愿者关爱山区留守儿童项目
20	银奖	关爱农民工子女与留守儿童	"蚂不停蹄　蚁爱足行"蚂蚁助学项目
21	银奖	关爱农民工子女与留守儿童	"乡村少年创新发展计划"——浙江工商大学杭州商学院"朝阳公益"志愿服务项目
22	银奖	关爱农民工子女与留守儿童	"一双红舞鞋"关爱农民子女志愿服务项目
23	银奖	关爱农民工子女与留守儿童	快乐直通车——"哥哥姐姐"农村志愿服务
24	银奖	环境保护与节水护水	环保从"头"开始——温州市推动企业家参与环境保护公益项目
25	银奖	环境保护与节水护水	助力"G20蓝",共筑杭州绿水青山——"我为污水处理厂减负"
26	银奖	环境保护与节水护水	水花朵朵开

续　表

序号	奖项	项目类别	项目名称
27	银奖	邻里守望与为老服务	"1＋1点对点"志愿服务社区行
28	银奖	扶贫开发与应急救援	用"心"守护　应心护航——急救知识与技能的推广普及
29	银奖	禁毒教育与法律服务	"永康亲青老娘舅"——青少年纠纷调解110
30	银奖	禁毒教育与法律服务	小娘舅握握团"指尖上的移动调解室"
31	银奖	禁毒教育与法律服务	宁波市北仑区志愿者协会不良行为青少年社会观护项目
32	银奖	理论研究与基础建设	"成就青年志愿梦想家"鄞州区青年志愿服务组织孵化项目
33	银奖	其他领域	温州市生命相髓造血干细胞捐献宣传公益
34	银奖	其他领域	百灵鸟志愿者培养项目
35	银奖	其他领域	"明日菁英"大学生就业实践互联平台项目
36	银奖	其他领域	不做生命消逝的看客——浙江省立同德医院急救知识推广公益服务项目
37	银奖	其他领域	"爱在善医"365志愿服务

二、第二届浙江省志愿服务项目大赛的概况

结合浙江省工作实际和中国青年志愿服务项目大赛推介工作,第二届浙江省志愿服务项目大赛于2017年9月25—28日举行,继续搭建志愿服务沟通交流的平台,营造志愿服务的社会氛围,提升赛会的知名度和影响力,助推志愿服务事业发展。

本次大赛的主题是"人人志愿＋　共建六个浙江",项目申报具体分为阳光助残、关爱农民工子女及留守儿童、邻里守望与为老服务、环境保护与节水护水、扶贫开发与应急救援、文化宣传与网络文明、禁毒教育与法律服务、理论研究与基础建设、其他领域 9 大类。

121 个入围项目由 11 个地市团委进行初评推荐进入省赛,赛会期间邀请相关专家及实务导师对省赛入围项目负责人及骨干进行赛前培训,最后省级终评决出"37℃的温度——白血病儿童关爱项目"等 10 个金奖项目和"一卷八段锦　百年健康梦——弘扬中医药非遗文化志愿服务项目"等 20 个银奖项目(见表 2-2)。

赛后,组委会将获得金银奖的项目汇编成册,作为全省志愿服务项目精品案例,在全省范围内宣传推广;依托团省委"亲青筹""永不落幕的志交会"平台,对 10 个金奖项目发起资金筹集,并对受助项目进行跟踪培育;对于获得金奖的项目,由团省委、省志愿者协会纳入"2017—2018 年度浙江省优秀志愿服务项目"表彰。

表 2-2　2017 年浙江省志愿服务项目大赛金银奖获奖名单

序号	奖项	项目类别	项目名称
1	金奖	其他领域	37℃的温暖——白血病儿童关爱项目
2	金奖	阳光助残	"携手同心,耀在一起"特殊奥林匹克融合项目
3	金奖	关爱行动	"超女来了"志愿服务项目
4	金奖	邻里守望与为老服务	"倾馨·青春关怀　心暖生命"大学生临终关怀志愿服务
5	金奖	其他领域	浙江工业大学教科学院"暖流计划"校园无偿献血志愿服务项目

续　表

序号	奖项	项目类别	项目名称
6	金奖	阳光助残	温州市"阳光鹊桥"残障青年婚恋平台志愿服务项目
7	金奖	邻里守望与为老服务	温州市"乐拍乐清　乐拍乐美"——随手拍公益课堂志愿服务项目
8	金奖	环境保护与节水护水	"河小二"项目——打造新青年智慧治水
9	金奖	关爱农民工子女及留守儿童	"镜子妈妈"——无妈天使关爱行动
10	金奖	扶贫开发与应急救援	"海思"公益唤醒失落海岛:青年文创服务计划
11	银奖	文化宣传与网络文明	"一卷八段锦　百年健康梦"弘扬中医药非遗文化志愿服务项目
12	银奖	阳光助残	"关爱心灵,添翼筑梦"原生艺术文化创意公益项目
13	银奖	文化宣传与网络文明	"义导情,牵杭城"——浙江工商大学"义务导游"志愿服务项目
14	银奖	阳光助残	同在一片蓝天下——阳光助残行动
15	银奖	邻里守望与为老服务	"一碗平安面"关爱工程
16	银奖	文化宣传与网络文明	嘉善文化礼堂美育志愿服务项目
17	银奖	邻里守望与为老服务	"武林大妈　能文能武"武林大妈公益志愿服务
18	银奖	其他领域	心灵海豚湾——公益热线
19	银奖	关爱农民工子女及留守儿童	桐乡义工"情牵山区,有福童享"公益行动

续　表

序号	奖项	项目类别	项目名称
20	银奖	关爱农民工子女及留守儿童	四十五分钟公益课堂
21	银奖	关爱农民工子女及留守儿童	3V3"芯运动"篮球联赛项目
22	银奖	其他领域	中外居民之家建设
23	银奖	关爱农民工子女及留守儿童	海岛萤火虫——助力特殊未成年群体成长志愿服务项目
24	银奖	环境保护与节水护水	国门生物安全保护志愿服务项目
25	银奖	扶贫开发与应急救援	99智寻——意外走失老人/孩童公益急寻计划
26	银奖	关爱农民工子女及留守儿童	"成长青轨线"留守儿童关爱项目
27	银奖	关爱农民工子女及留守儿童	"青柚空间"社区青少年关爱计划
28	银奖	邻里守望与为老服务	杏林先锋队"暖阳行动"
29	银奖	其他领域	温州航标处北麂山灯塔值守志愿服务
30	银奖	关爱农民工子女及留守儿童	用WO联通你我,让爱常伴心间——关爱留守儿童志愿者活动

三、第三届浙江省志愿服务项目大赛的概况

为深入贯彻落实党的十九大精神,积极搭建志愿服务沟通交流平台,促进志愿服务项目专业化运作,培育优秀志愿服务项目,同时为中国青年志愿服务项目大赛做好推介工作,第三届浙江省

志愿服务项目大赛于 2018 年 6 月 18—22 日举行,志愿服务项目申报类别具体分为阳光助残、关爱农民工子女及留守儿童、邻里守望与为老服务、环境保护与节水护水、扶贫开发与应急救援、文化宣传与网络文明、禁毒教育与法律服务、理论研究与基础建设、其他领域 9 大类。鼓励"垃圾分类"和助力"最多跑一次"改革方面的优秀志愿服务项目申报。

参加决赛的 30 个项目从 179 个参赛项目中脱颖而出,有的助推"最多跑一次"政务服务改革及垃圾分类工作,有的关注特殊儿童心理健康和医疗公益服务,有的关注共享单车乱停放等群众身边的民生事项,种类繁多、内容多样。最终,关爱偏远山区空巢、高龄老人的"若爱同,共筑梦"等 11 个项目获得金奖,"红船旁的志愿者"南湖景区志愿讲解员等 19 个项目获得银奖(见表 2-3)。

获奖项目代表浙江省参加中国青年志愿服务项目大赛,并接受专家评委的一对一专题辅导。赛后,组委会将获得金银奖的项目汇编成册,并对受助项目进行跟踪培育。

表 2-3　2018 年浙江省志愿服务项目大赛金银奖获奖名单

序号	奖项	项目类别	项目名称
1	金奖	邻里守望与为老服务	"若爱同,共筑梦"——关爱偏远山区空巢、高龄老人项目
2	金奖	文化宣传与网络文明	中国第一部民间草根志愿口述史
3	金奖	邻里守望与为老服务	黄飞华爱心车队服务于民志愿服务
4	金奖	扶贫开发与应急救援	点亮玉树

续　表

序号	奖项	项目类别	项目名称
5	金奖	阳光助残	筑梦星辰　因爱成海——孤独症志愿服务公益项目
6	金奖	其他领域	"医带医路"医疗公益服务项目
7	金奖	关爱农民工子女及留守儿童	浙江大学研究生支教团志愿服务项目
8	金奖	阳光助残	耳涡——盲人无障碍电影公益平台
9	金奖	其他领域	"情敲预警钟,保驾职业梦"中职女生就业保护预警的社会工作志愿服务项目
10	金奖	邻里守望与为老服务	"爱心面包"微公益项目
11	金奖	关爱农民工子女及留守儿童	"健康家园"流动生命科普馆
12	银奖	关爱农民工子女及留守儿童	葵园·城市流动未成年人临时庇护综合治理志愿服务项目
13	银奖	阳光助残	"把心捂热"植物人及家属关怀项目
14	银奖	环境保护与节水护水	"与人语海"——海洋文化传承志愿服务项目
15	银奖	邻里守望与为老服务	"阿拉来嘞"电亮夕阳红
16	银奖	关爱农民工子女及留守儿童	"电娃课堂"清洁能源普及推广项目
17	银奖	阳光助残	橙色同伴课堂
18	银奖	禁毒教育与法律服务	湖州公安"萌警团"安防志愿服务项目
19	银奖	扶贫开发与应急救援	码上公益

续 表

序号	奖项	项目类别	项目名称
20	银奖	其他领域	单车猎人项目
21	银奖	禁毒教育与法律服务	宁波市"小巷法官"志愿服务活动
22	银奖	关爱农民工子女及留守儿童	水上交通安全知识进校园
23	银奖	环境保护与节水护水	"垃圾分一分 平湖美十分"
24	银奖	文化宣传与网络文明	"红船旁的志愿者"南湖景区志愿讲解员项目
25	银奖	关爱农民工子女及留守儿童	"美丽乡村,健康相随"志愿服务走村行动暨共青团"大脚掌走基层"活动
26	银奖	文化宣传与网络文明	玉环国税"奔奔助跑"志愿服务队伍
27	银奖	扶贫开发与应急救援	母亲微笑行动
28	银奖	关爱农民工子女及留守儿童	逸芽乡村伴读志愿服务项目
29	银奖	关爱农民工子女及留守儿童	杭州海关缉私局小万助教工作室
30	银奖	邻里守望与为老服务	"银发互助 爱心帮扶"阳光行动

四、第四届浙江省青年志愿服务项目大赛的概况

第四届浙江省青年志愿服务项目大赛于 2019 年 6 月 12—14 日举办,旨在深入贯彻落实党的十九大精神,引导志愿服务组织和广大志愿者在中华人民共和国成立 70 周年、五四运动 100 周年之

际,为奋力推进"两个高水平"浙江建设做出更大贡献,大力扶持浙江省志愿服务优秀项目,不断推动志愿服务项目化、常态化、品牌化发展,为中国青年志愿服务项目大赛做好培育推介工作。

本次大赛以"青春志愿行　奉献新时代"为主题,项目类别涵盖助老助残、恤病助医、改革攻坚、社会治理、环境保护与垃圾分类、禁毒教育与法律服务、应急救援、文化宣传与理论研究、其他领域9大领域。

全省共参与申报各类项目500余个,经过初赛和复赛,最终共有36个项目从234个项目中脱颖而出进入决赛,其中"小河长·大行动"护水治水我能行等15个项目获金奖,"天使之音"残疾人关爱服务项目等21个项目获银奖(见表2-4)。

赛后,组委会将获得金银奖的项目汇编成册,并对受助项目进行跟踪培育。

表2-4　2019年浙江省青年志愿服务项目大赛金银奖获奖名单

序号	奖项	项目类别	项目名称
1	金奖	环境保护与垃圾分类	"小河长·大行动"护水治水我能行
2	金奖	恤病助医	"医心医意"——医慈协同志愿服务项目
3	金奖	助老助残	"看见"色彩——盲人触觉绘画公益项目
4	金奖	文化宣传与理论研究	老骥行动——一趟驶向乡村文明的夕阳列车
5	金奖	恤病助医	温州市"生命之光　器官捐献"志愿服务项目
6	金奖	恤病助医	关爱女性,母婴健康——"女人花"志愿服务
7	金奖	助老助残	单脚鞋银行

续　表

序号	奖项	项目类别	项目名称
8	金奖	社会治理	爱的抱抱——助力困境儿童成长计划
9	金奖	文化宣传与理论研究	丝路海潮音　讲给世界听——浙江沿海民间故事传承保护公益项目
10	金奖	社会治理	中国计量大学"拾梦梭戛，一脉相承"贵州梭戛支教项目
11	金奖	恤病助医	"急"时雨志愿服务项目
12	金奖	其他领域	"港城名片，赛会有约"国际赛会志愿者培育项目
13	金奖	社会治理	"红枫义警"群众性社会自治项目
14	金奖	禁毒教育与法律服务	鲁冰花开，检爱相随
15	金奖	恤病助医	幸福1＋1，温暖"移"家人
16	银奖	助老助残	"天使之音"残疾人关爱服务项目
17	银奖	社会治理	"三和交流室"助推社区治理志愿服务项目
18	银奖	禁毒教育与法律服务	西湖区"西子姐姐"青少年法治教育
19	银奖	助老助残	幸福蜗居——给残疾人一个温暖的家
20	银奖	社会治理	助力乡村留守儿童性教育
21	银奖	助老助残	"筑梦远航"志愿服务项目
22	银奖	社会治理	"童心童梦，同创未来"——来杭务工人员子女亲情陪伴志愿服务项目
23	银奖	恤病助医	为了生命有尊严的谢幕——浙江大学医学院"青春伴夕阳"临终关怀志愿服务项目
24	银奖	助老助残	"情暖夕阳，默守记忆"阿尔兹海默关爱公益服务项目

续　表

序号	奖项	项目类别	项目名称
25	银奖	改革攻坚	浙江传媒学院"小雄鹰"助学计划志愿服务项目
26	银奖	恤病助医	粉红丝带志愿,重塑女性光芒——浙江省肿瘤医院粉红丝带志愿服务项目
27	银奖	环境保护与垃圾分类	屿海有约——海洋环境保护志愿服务项目
28	银奖	助老助残	朝阳伴夕阳——海岛空巢老人关爱计划
29	银奖	社会治理	"青春接力,筑梦童年"关爱农村留守儿童——基于地方高校与当地社区的共建模式
30	银奖	社会治理	特别的爱给特别的你
31	银奖	助老助残	指尖微光、点亮浙里
32	银奖	禁毒教育与法律服务	玉环市少年警校
33	银奖	助老助残	手望公益
34	银奖	助老助残	"智"联"志"愿,敬老"阳"善
35	银奖	社会治理	阳光暖心工程
36	银奖	社会治理	萤火微光　花儿支教

第二节　浙江省志愿服务项目大赛的主要特点

浙江省志愿服务项目大赛历经四届,已经成为凝聚各方志愿者的开放平台,大赛的项目比赛规则和服务模式,形成了辐射效应,吸引了不少的志愿组织前来学习"求经"。大赛的魅力在于采取项目化操作模式,通过社会化渠道筹集资金,通过阶段化方式评估,凝聚了许多参赛项目;让不同文化背景和服务领域的志愿者们集聚一起，用公开、透明、健全的比赛规则，进行标准化、流程化操作，提升了志愿服务项目的品牌影响力。

大赛日益成熟完善，参赛项目服务需求把握日益准确，运行机制日益健全，项目质量逐年提升，内容覆盖面越来越广，呈现持续性、可复制性、可推广性特点，已经成为昭示全省志愿服务发展的一面镜子。在 2018 年中国青年志愿服务项目大赛中，浙江选送项目荣获 11 个奖，位列全国第一。梳理历届志愿服务项目大赛，其特点主要表现为以下几点。

一、合力推进，广泛发动

经过四届大赛的推广和传播，各级团组织已经积累了丰富的参赛经验，省级主办单位注重政策和组织合力，精心组织和科学谋划，让各地志愿服务氛围更加浓厚；各地市团委坚持组织化动员和社会化动员相结合，通过新媒体、推介会、专题发布等形式，面向工作对象、公益组织、爱心人士层层宣传动员，鼓励各级各类志愿服务组织参与省级大赛，志愿项目大赛的品牌传播力和社会影响力越来越大。四届浙江省志愿服务项目大赛覆盖 11 个地市，参赛项目累计 758 个，获奖项目（金银奖）133 个，每年项目大赛启动报名后，均受到公益组织、企事业单位、各大高校等的热捧，2018 年上报省赛项目突破 1000 个，成为公益领域的一项明星赛事。

二、创新发展，专业提升

创新是大赛的主旋律，其四届主题不断创新，从"青春志愿行 共筑中国梦""人人志愿＋　共建六个浙江""人人志愿＋　建功新时代"到"青春志愿行　奉献新时代";大赛的形式也在不断创新变化,从最初单纯的项目展示和交流,发展为现在的精品案例分享、获奖项目资金对接等成果转化;大赛关注点也变得日益深入,从侧重志愿服务表象到关注志愿服务的灵魂,即更在意总结和提炼具有浙江特色的志愿服务的规律和特点,为新时代的志愿服务提供更多思路。

参赛项目历经四届,其专业化特征日益明显,通过大赛辅导、路演点评、资源整合,志愿项目更加精准对接社会需求,专业特色更加鲜明。例如在 2019 年省赛中获得金奖的 15 个项目里,"医心医意"——医慈协同志愿服务项目、"看见"色彩——盲人触觉绘画公益项目、"生命之光　器官捐献"志愿服务项目、"女人花"志愿服务项目、爱的抱抱——助力困境儿童成长计划等项目,其志愿服务已经品牌化、专业化和常态化,在浙江志愿领域有较强的社会影响力。

三、赛训结合,立足常态

赛训结合,促进了全省志愿服务的交流和发展。四届大赛聘请志愿领域全国知名专家在赛前采用一对一辅导方式、在赛中采用路演点评的方式,精准解决志愿服务项目运行中的专业问题,提供项目参赛中的技术解决方案,对接项目运作中的各种资源,帮助志愿组织和志愿者实现公益梦想。

目前浙江省已经建立了每年一次的省赛长效机制,立足于青年志愿者的主体地位,围绕中心,服务大局,顺应时代发展与社会需求,努力为青年志愿者提供自我展示的舞台,关注浙江志愿者服务的发展方向,切实有效地提升志愿服务事业的科学化水平。同时,在办好大赛的基础上,注重志愿服务交流,积极引导青年志愿者活动逐渐项目化,并形成志愿服务组织。

第三节　浙江省志愿服务项目大赛的基本功能

多年来,浙江省志愿服务项目大赛受到社会各界的广泛关注与欢迎,各级各类志愿服务组织及相关社会机构充分利用项目大赛这个有效载体与平台,发挥自身组织特色和服务功能,为浙江志愿服务事业发展添砖加瓦。

一、项目大赛的志愿服务理念传播功能

志愿服务是新时期建设社会主义和谐社会的重要体现,是衡量社会文明程度、公民素质高低的重要标准之一。随着参与志愿服务人数不断增加,志愿服务理念已渐入人心,志愿服务活动覆盖人民生活的各个领域。近年来,全省各地的志愿组织在助老助残、恤病助医、改革攻坚、社会治理、环境保护与垃圾分类、禁毒教育与法律服务、应急救援、文化宣传与理论研究及其他领域等方面以项目形式开展多种形式的志愿服务,而每年项目大赛则是面向全省的一次传播和实践志愿服务理念的机会,通过大赛路演和直播,弘扬了友爱、进步、奉献、互助志愿精神,使社会主义核心价值观在志愿服务中不断深入人心,在全社会形成团结互助、平等友爱、共同进步的新风尚。

　　与社会上单个的志愿服务项目相比,省级志愿服务项目大赛的社会影响力更大,每一次赛会的举办都承载着主办单位和主办城市传播志愿服务理念的期望,而每一个项目则承担着其中的主要职能。作为省级大赛,每年11个地市都有近千个项目参与地市级比赛,有近百个志愿服务项目团队从中脱颖而出,参与省级比赛。赛场中的每一次路演和专家点评既帮助每一个项目逐渐完善,也一次次传播和弘扬志愿服务精神,更是鼓励和引导民众积极加入志愿服务行列,为浙江志愿服务做出应有贡献。

　　例如杭州学军小学推出的"'小河长,大行动'护水治水我能行"项目,倡导大手拉小手,让小河长在老河长的带领下宣传和参与护水治水行动,实现青山绿水世代相传,让更多的人关注和参与护水行动。项目自开展以来,在发挥示范带动和弘扬志愿理念上起到较强的辐射作用,引导和激励更多的同龄人和市民参与志愿服务,助力营造了水清、岸绿、景美的自然氛围,为创造和谐、融洽、文明、健康的社会环境贡献了力量。项目在参赛平台展示青少年治水护水环保意识和社会责任感的同时,也极大地向社会传达了快乐和温暖的志愿理念。

　　又如宁波鄞州区银巢养老服务中心推出的"老骥行动——一趟驶向乡村文明的夕阳列车"项目,组织城市老人志愿者到农村为当地的小学生和老人提供多样化的公益服务,助力农村文明建设。项目自2017年落地以来,社会影响力显著,尤其是使志愿理念日渐深入人心,参与志愿服务的人数达500余人,并促进了内生型乡村志愿服务的衍生,开发了乡村志愿服务的力量。项目在参赛现场向人们展示的不仅仅是传统观念上"被志愿服务"的城市老人华丽转身为志愿者的精彩人生,更是由志愿理念催生的乡村老年志愿服务团队助力乡村振兴的感动场景。

二、项目大赛的志愿服务育人功能

志愿服务是一项在实践中教育人、培养人的事业,在培育思想道德情操、社会责任感和社会实践能力等方面发挥着重要作用,其中的实践育人功能已经被大众高度认可,并在各阶段的学校育人教育中成为重要教育方法和教育形式。省级项目大赛则是提升志愿服务育人功能的重要平台,路演环节通过专家点评和项目之间的互相借鉴,使得各项目团队在各自志愿服务领域能较快地提升专业技能,磨炼专业意志和品质。经过大赛打磨后的志愿服务项目更加专业,令志愿者能较好地在服务中实现陶冶情操、将服务社会与实现个人价值有机结合,有利于在社会中营造爱国、敬业、诚信、友善等基本道德氛围,提高公民思想道德素质,把建设社会主义核心价值体系的任务落到实处。

省级志愿服务项目大赛具有重要的育人功能。每一次参与大赛、每一次项目的优化,都是志愿者进一步提升个人公德意识和文明素养的过程,都是提升志愿者心智水平、意志品质和团队合作等素质和意识的过程,也是提高志愿者综合修养和社会交往能力的过程。与传统的思想教育课堂和其他实践教育活动相比,大赛在引领志愿者树立正确的价值观、提高公民道德素养等促进自身全面发展方面,发挥了更有效的个人教育功能。

如杭州师范大学艺术无障碍志愿服务团队推出的"'看见'色彩——盲人触觉绘画公益项目",大学生志愿者通过"盲人绘画教学"和"举办融纳艺术活动",为盲童生存发展赋能,为盲童融入社会提供可能。项目自2016年举办至今,平均每年约有120余名志愿者参与,这些志愿者都是该校美术专业的本研学生,在项目服务过程中极大地提高了自己的专业修养、品德修养和社会交往能力,参与志愿服务成为促进其自身全面发展的重要教育路径。大赛中项目的路演,不仅表达了盲童通过接受专业的触觉绘画教学,实现自我价值赋能、融入社会、促进社会良性互动的温馨场景,而且也向社会证明了大学生志愿服务已经成为学校育人的重要实践载体。

又如永康市阳光爱心义工协会推出的"爱的抱抱——助力困境儿童成长计划"项目,以"陪伴""扶志""赋能"为帮扶目标,开展艺术课堂、情绪认知、复原力培养、职业教育等活动,帮助困境儿童进行个人成长和家庭关系的维护。志愿服务是"助人自助",志愿者在帮助困境儿童正常成长过程中,丰富了人生阅历,扩展了社会资源,砥砺了自身品格。项目大赛展示现场不仅让人们看到了"以人为本"帮扶救助模式对困境儿童成长的帮助,而且带来了15%的服务对象转变为志愿者身份的惊喜。项目的发展伴随志愿者综合能力的成长,志愿育人已经成为宣传正能量的重要载体。

三、项目大赛的志愿服务专业化功能

我国志愿服务的发展目前已经进入专业化的新阶段,项目化则是志愿服务专业化的主要路径。项目化的志愿服务能更加精准地聚焦社会问题,运用项目化的专业技能,解决社会治理与发展中存在的问题,提升志愿服务成效及社会影响力,实现志愿服务真正的社会价值。对志愿个体而言,在项目化的服务中能将专业技能和社会责任感有机结合,较好地提升个体效能;对组织而言,项目化能提升对志愿者的项目运作和管理能力,较大地增强组织的专业能力。

大赛推动了全省志愿服务项目的品牌化和专业化建设。浙江省志愿服务一直秉承项目化、专业化发展目标,努力从全方位、多层次推动全省志愿事业的发展,尤其是 2016 年以来,以每年省级项目大赛为契机,挖掘、扶持、宣传各地各领域的重点志愿服务项目,全面推动了全省志愿服务项目培育推介和示范工作。

一个成熟志愿服务项目的形成,往往需要几年甚至更长时间来完善;而每年省级大赛的举行,则激励了参赛志愿组织在赛前不断优化项目,使项目在赛中显得更加专业化,尤其是随着项目大赛逐步提高申报门槛,如自 2019 年形成两级赛会机制以来,参与大赛的项目专业性、品牌性逐渐显现。大赛采用颁奖和促进成果转化的方式,加大优秀项目的示范效应和推广力度,通过各种媒介大力宣传获奖项目,不断扩大项目的影响力和覆盖面,使之成为品牌项目。经过大赛锤炼的专业化、品牌化志愿项目,能将专业化志愿服务与服务对象需求精准对接;同时,以品牌项目的向心力带动当地的志愿服务项目,在实践中因地制宜地培育专业化的志愿服务项目,促进志愿服务项目的持续性、常态化、专业化发展。

四、项目大赛的志愿服务社会动员功能

志愿服务是重要的有效的社会动员形式之一。志愿精神的感召力、服务他人的快乐以及志愿服务的平等性、公益性和不计报酬

等特点,使志愿服务成为现代社会中有效的、便捷的并可以广泛使用的社会动员手段,也是人们融入社会、扩展社会资源和实现自身价值的重要渠道。省级志愿服务项目大赛则是一种社会动员的有效路径。大赛的下文发动、项目的申报、大赛现场直播的方式、各种资源的统筹、组织和项目的交流推荐、优秀项目成果的转化方式等都受到人们的广泛关注和重视,这不仅对大赛的顺利开展、挖掘扶持优秀志愿项目具有重要意义,同时也让更多人了解志愿服务,激励更多人投身志愿服务。

大赛助推了全省人民参与志愿服务的热情。历次省级大赛的圆满举办,令志愿服务理念深入人心,志愿服务的社会动员功能不断发展和凸显。来自全省 11 个地市的参赛项目覆盖志愿服务的各个领域,从原先只关注弱势群体发展为聚焦提升人的生活质量和社会可持续发展等覆盖人们生活工作全领域的更为广阔的服务空间,这有效地激励了更多人参与促进社会可持续发展的志愿服务。大赛项目的展示向全社会提供了一个全方位宣传志愿者和志愿服务项目的机会,促进志愿者、志愿组织和志愿项目的自我完善,同时也吸引更多的人参与志愿服务,提高了志愿服务的社会认可度,营造全社会关注志愿服务、争当志愿者的良好氛围,并使进行志愿服务日渐成为一种生活方式、一种时尚,在一定程度上增强了社会的向心力与凝聚力,促进社会和谐发展。

第三章

浙江省志愿服务项目大赛
历届经典项目剖析

志愿服务的项目化是中国志愿服务制度化、规范化的重要路径,是回应社会多样化需求和提升社会影响力的重要方式,是志愿服务参与社会治理和实现社会和谐发展的重要手段。自 2016 年以来,四届省级大赛对志愿服务项目化的示范和引领作用,使浙江省志愿服务项目化走入志愿服务的运行中,通过对志愿服务项目的策划、组织、实施、提升等,有效满足了民众对美好生活的要求,有效参与了社会治理,促进了社会文明进步。

第一节　环境保护类志愿服务项目

浙江省志愿服务工作在"八八战略"的指引下,始终紧紧围绕省委、省政府中心工作,发挥积极作用。开展助力"五水共治"志愿服务行动,招募 40 余万名"河小二"志愿者,在全省 58 个县控及以上劣 V 类断面开展"'河小二'跟着河长去巡河"、集中护水日等各级各类活动 6 万余场,参与活动的志愿者超百万人次。常态化开展助力"平安浙江""垃圾分类"等志愿服务行动,在各项中心工作中充分发挥了志愿者的作用。

一、"河小二"项目——打造新新青年智慧治水

"河小二"项目是在 2017 年省级大赛中获得金奖的项目,由温岭市青年志愿者协会负责运作,旨在利用网络,在 34 条市级河道

沿线设置举报河牌，发挥协会在社会动员、资源整合、协作互助方面的优势，通过组织巡河、检测、治水活动，发动河段沿线社会民众、青年社会组织、志愿服务队伍参与治理，解决河道污染问题，提升民众治水意识，搭建重点突出、多级多层、人人参与、全域覆盖的"护水网络"。

(一)项目概述

温岭是一座依山傍水的城市，市内拥有各级河道 1745 条，长度 1773 千米，虽然大部分河道已基本疏浚，但河岸垃圾倾倒现象屡屡出现，导致河水污染严重，发出阵阵恶臭，已经影响到了河段附近居民的日常生活，水质问题普遍存在。对于河道的治理工作，目前仍处在"干部在干，群众在看"的窘境，民众治水意识不强，普遍缺乏参与治水的渠道，参与治水比例较低。

经过调研，项目将服务范围定位在温岭市 34 条市级河道，跨越温岭 16 个镇及街道，总长 1494 千米，沿河民居、企业分布较多，河段两侧排水口众多。

项目目标是推动全民治水，改善河道水质污染情况。具体分以下几个阶段展开：2016 年 8 月至 2017 年 4 月，在全市 34 条市级河道中设立水质监测点，打通市民反馈渠道；2017 年 5 月至 2018 年 5 月，发动河段沿线志愿者队伍、市民开展各类治水活动，普及对河牌的认识和使用方法，提升市民的治水意识；2018 年 5 月至 2019 年 5 月，形成"河小二"水质监测报告，为政府相关治水部门提供数据支持，建立全民治水品牌手册，使"河小二"项目可推广、可复制。

作为浙江省"河小二"共青团河长助理省级试点项目,自实施以来,项目组织全市各志愿团队定期在34条市级河道开展巡河、治水等活动,并每季度就巡河过程中出现的问题展开研讨总结。目前,已经建立"区域化"河道共建联盟,由点及面,从以北山河为试点,到向全市铺开,已在全市34条市级河道和其他5条镇级河道,成功安装河牌1440块,巡河队伍由原来的1支增加到了74支,全市参与巡河的"河小二"由30人增加到了512人,并在全市已开展巡河584次,收到普通市民反馈1029个,回复解决问题981个,收到各类水数据687条。

此外,围绕"青春助力环综治""建设两美浙江"等五水共治主题,开展五四"百河大战"、"净河行动"等多场大型活动,吸引了3000多名青年以微信直播和朋友圈助力形式参与到河道治理中。

(二)项目特色及启示

项目调研充分、定位准确,系列服务符合"五水共治"中心工作需求。志愿服务围绕浙江省委、省政府的"五水共治"中心工作,全面调研了温岭市1745条河道,发现河水污染严重,直接危害附近居民的正常生活,而且民众护水治水意识和参与行动欠缺。因此,项目将目标定在温岭市34条市级河道的护水治水志愿服务上,组织市青年志愿者协会成员参与河道环境的整治工作,以期推动全市"五水共治"工作,改善河道水质,保障民众日常生活的用水。

项目较好地运用大数据和新媒体,有效链接和整合各种资源,增强志愿服务效能。凭借新媒体平台,以微信为媒介,在各河段设置河牌,公众可以通过扫码监督反馈河道问题,打通监督渠道,畅通反馈路径,实现河长、"河小二"与河道的有效沟通和联系,实现数据信息的高度对接,既保障了志愿服务的精准,也保证服务过程中各种问题得到有效解决。

项目打造各层次的志愿团队,充分运用培训和激励机制,为项目的可持续发展提供专业化的志愿服务团队。在志愿服务中,设立巡查员、调研员、护水员、监督员等不同角色的"河小二",定期通过团建和培训方式,提升护河的专业能力;由每个巡河队负责一个河段,定期进行巡河、河牌的维护和治水活动,并运用积分制,定期发布每支巡河队有关巡河次数、处理问题等情况的排名榜,调动志愿者的服务积极性;在群众反馈页面设置"河小二"加入渠道,将关注河道问题的普通居民发展为"河小二"巡河志愿者,同时,通过温岭市各志愿队及志愿者的平台进行动员,使巡河的志愿力量得到保证;通过开展"百河大战""最美护水人""先锋岗"等评选活动,表彰优秀的"河小二"。

二、"小河长,大行动"护水治水我能行

"'小河长,大行动'护水治水我能行"项目是在 2019 年省级项目大赛中获得金奖的项目,由浙江省杭州市学军小学志愿团队运作。学军"小河长"护水队组成研究小组,率先认领自己身边的河流河段,成为该河段的"小河长",再通过调研、传播、创想等行为,开展有关认识水、走近水、宣传水、保护水等方面的志愿活动,以"小手拉大手"的服务方式,让更多的人关注护水治水理念,积极参与护水治水行动,真正实现水资源保护。

(一)项目概述

随着经济的快速发展和人民生活水平的提高,浙江的水环境污染问题也亟须关注,不少原本干净整洁的河道和池塘水面漂浮着垃圾,水质变差,有时还有刺鼻的臭味。如何重塑水清、岸绿、景美的诗画江南美景,是关乎每一个浙江人的重大问题。为响应浙江省提出的"五水共治"号召,学军小学志愿团队从身边力所能及的小事着手,参与全民治水活动。

学军"小河长"护水队员们用所学的知识,探究自己认领河流受污染的原因及解决的办法,运用考察监督、创客发明和实践研学等不同方法,参与到护水治水行动中。"小河长",不仅是一个称号,更是一种责任与担当。项目在实现了小学生个人成长与价值的同时,也用热情去影响身边的大人,积极将环保意识带进千家万户。小学生是未来的社会决策者,也是未来的治水者,用自己的行动为"治水护水"贡献一分力量,是本项目的初衷所在。

随着项目系列志愿活动的开展,在"大河长"的"传、帮、带"下,"小河长"们的服务足迹踏遍京杭大运河、西溪河、贴沙河、东河、古新河、上塘河、余杭塘河等多个水域,随着护水队伍的壮大和护水方法的更新,巡河护河活动的影响力日渐增大。小河长们小手拉大手,与老师、家长等"大河长"们一起关注身边河道,关注水资源,关注可持续发展。因为学校平台和集体力量的带动,更多人参与进来,在护水行动的启动仪式上,有40多所学校共同参与。通过一个个真实的行动、调研和传播等服务过程,让"小河长"们了解自己身边的水环境,认识水环境现状,以实际行动节水、护水和治水,真正参与保护水环境,让大自然更美!

(二)项目特色与启示

项目设计内容新颖,发挥小学生从事志愿服务的优势,承担实践育人的功能。该项目属于小学生的社会实践活动,通过开展参观学习、人物访谈、自然观察、调查监测、科学实验、发明创造、宣传讲解、问题解决等项目环节,激发小学生的环保意识与社会责任心,为培养青少年的环保意识和动手能力提供了有效的途径。志愿服务是少先队员成长过程中的宝贵经历,青少年需要在实践中体验环保的重要性,树立社会责任感。项目通过"小手拉大手"参与治水护水行动,传播治水护水理念和实践,发动小学生以家庭、少先队团队、假日小队、社团等为单位,确定责任河段,担任"小河长",成为家乡河流的守望者、自然环境的讲解者、护水宣传的行动者、治水解决方案的创想者。"小河长"不仅是一个志愿服务中的称号,更是一种责任和担当。

项目管理规范,探索长效志愿服务机制,保证项目的可持续发展。项目核心团队分工明确,定期召开例会,并通过组建钉钉群及时交流沟通服务过程中遇到的问题;各种志愿活动安排有序,在服务中求创新,创新服务形式,创新激励机制,每班成立志愿服务小队,假期定期开展智慧护水服务,开展全校假日小分队评比活动,建立长效的志愿服务机制,力求成为志愿服务的精品项目,实现志愿服务的可持续发展,并探索了志愿服务项目的常态化运作模式。

项目在护水治水志愿行动中,通过参观学习、人物访谈、自然观察、调查检测、科学实验、发明创新、宣传讲解、问题解决等活动，积累了丰富的经验，形成翔实有效的报告，不仅为今后的志愿服务提供标准，还获得了浙江省创新大赛实践类团体一等奖。此外，学军小学的"小河长"用力所能及的艺术形式创编《争做小河长》情景剧，并获杭州市科普剧铜奖，创编歌曲的《小河长的畅想》和《西溪河之歌》获音乐合唱节金奖。领队教师根据实践活动实施的过程记录，编写校本教材《我为水代言》并开设相关课程，该课程获评西湖区精品课程。同时，学军小校入选"美丽中国，我是行动者——全国'小河长''小湖长'青少年环境志愿行动"项目试点学校，学军小学获 2018—2019 年度"小河长"青少年护水计划优秀项目学校称号。

第二节　助老助残类志愿服务项目

敬老、爱老、助老、助残是我们中华民族的传统美德，浙江省助老助残志愿服务组织发展较快，志愿服务的专业化程度日渐提高，开展的关爱行动、专业帮扶等服务，既解决老人和残疾人的实际困难，也帮助他们平等参与社会事务、融入社会，令他们充分感受社会的温暖与关爱，促进了志愿助老助残事业工作的常态化、形式多样化和服务品牌化。

一、黄飞华爱心车队服务于民志愿服务

"黄飞华爱心车队服务于民志愿服务"项目是在省级项目大赛中获得金奖的项目，由杭州市下城区朝晖街道应家桥社区的黄飞

华爱心车队负责运作，与辖区内困难老人结对，以发放爱心卡、设立公开电话等方式，为社区老人提供看病、出游、购物等便民接送服务，缓解了老人出行不便的困难，营造了友爱互助的社区环境，传递了社区为老服务的正能量。

（一）项目概述

朝晖街道应家桥社区是老年人较为集中的社区，60 岁以上老人有 2790 人，占常住人口的 34%，其中 70 岁及以上老人 1524 人，90 岁及以上 23 人，100 岁及以上 2 人，贫困、独居、残疾等五类老人 179 人，老人们的生活出行极为不便。

车队负责人黄飞华 20 年来一直秉承"奉献、关爱"的思想，用真诚和热心的助人行为在群众中赢得了好口碑；2014 年以他名字命名成立了"黄飞华爱心车队"。目前，拥有 200 余名爱心司机的车队以社区的老人为服务对象，开展了一系列专业爱心服务，与他们开展一对一结对服务，发放"邻里互助爱心服务卡"，免费服务遭遇突发事件的居民，提供在传统节假日外出活动服务，为社区老人提供力所能及的服务和帮助，获得社区广泛好评。

爱心车队以社区为依托，以点带面，逐步扩大服务范围，利用出租车全天候工作和分布广泛的特点，借助阿里三小时公益平台，联合志愿者将服务范围覆盖到杭州八大主城区，服务对象也从老人扩大到残疾人、重病人和中高考生，在老年居民出行、学生爱心助考、出租车爱心示范等方面做出了很大的贡献。

(二)项目特色和启示

项目需求明确,内容丰富,充分发挥出租车司机从事志愿服务的优势,立足老年社区老人出行困难,但又不愿意麻烦子女的心理,组建了一支由富有爱心的出租车司机组成的志愿团队,利用出租车司机工作范围广和工作时间长的特点,发放爱心卡,为老人外出因腿脚不便、打的困难、突发意外等造成的困难提供全天候的精准便利服务近80人次,为老人在节假日观摩参观等提供免费接送服务近180余人次,为每年中高考学子提供200余次的接送服务,每年接送约1500人次血透老人就医,并常年坚持参与老人的免费理发、家电维修、家政服务等150余次。

项目管理规范、服务专业,赢得较好社会影响,保证了团队的发展壮大和项目的可持续发展。4年来,组织一直加强项目团队的建设和规范化管理,项目分工明确,凭借阿里三小时专业的公益平台,积极链接服务资源,与社区、交警、运管、医院等部门结对,全年无休,全程免费,由专职司机为服务对象提供精准到位的平安接送服务,在杭州营造了和谐、友爱、互助的志愿氛围。该项目多年如一日的贴心安全服务,不仅让民众感受到社会的温暖和关爱,也带动了更多人加入志愿行列,项目队伍人数由最初的8人壮大到现在的200余人,项目服务范围从单个社区推广到杭州八大城区,获得较好的社会效益。

二、"单脚鞋银行"

"单脚鞋银行"志愿服务项目是在2019年省级大赛中获金奖的项目,由温州一八二义工协会负责运营。该协会秉承"自愿参加,量力而行,讲求实效,持之以恒"的宗旨,在爱心鞋企和单脚人、大小脚人之间架起了一座桥梁,吸收鞋企为"储户",免费发放"鞋子"给单脚人和大小脚人。

(一)项目概述

调查显示,全国有 3 万多名因截肢只能单只脚走路的人,他们存在购鞋困难的问题。他们只能去鞋店买一双鞋扔掉一只,或者自己动手千针万线做鞋,或者捡别人遗弃的单只鞋穿。另外,全国还有 10 万小儿麻痹症造成的两只脚相差 3 码以上的人,他们也处于无法购到一双适合自己鞋子的窘境。这两类群体生活普遍困难。温州是我国最大的鞋子生产基地,每年产出几百万单只的样品鞋,质量很好,很适合单脚人或者大小脚人穿,但由于缺乏供鞋的渠道,只能作为废弃物品销毁,这不仅浪费资源,还污染环境。

项目根据调研结果,结合东北栾启平老师的"单脚鞋银行"公益募集平台,把鞋企废弃的单脚鞋转赠给单脚人和大小脚人。目前,将贫困家庭中的单脚残疾人及大小脚残疾人共 4000 人作为服务对象,帮他们筹到鞋子 16000 只。由于单脚和大小脚的残疾人走路时受力重心落在一只脚上,一只鞋最多仅能穿两个月。为此,项目联系了很多鞋企,让鞋企将样品鞋捐赠给单脚人和大小脚人,解决他们的购鞋困难,并有效避免鞋企对样品鞋的浪费。

项目实施以来,已有 10 多家温州鞋企加入"单脚鞋银行"的供应商队伍,3000 多人受益,送出价值 50 余万元的鞋子。本项目整合了社会资源,既解决了单脚人和大小脚人的穿鞋问题,也解决了温州鞋企的样品鞋资源浪费问题,减少了环境污染。

(二)项目特色和启示

项目前期调研明确,供需对接精准,实施效果非常显著。"单脚鞋银行"志愿服务项目着眼于温州本地鞋厂比较多的优势,动员鞋厂把样品鞋捐献出来,志愿者分拣后送给单脚残障人士。该项目解决了残障人士购买鞋子时穿一只扔一只的浪费问题,帮助肢体残障人士缓解了经济困难,具有重要的社会价值。该项目创意新颖,充分利用了鞋厂闲置资源,对其他志愿服务组织的资源链接方法具有启发意义。该项目服务对象精准,资源整合能力强,项目实施效果好。该项目工作强度大,建议项目建立志愿者的激励机制,关心志愿者,保护志愿者的热情,同时稳步扩大服务对象的数量,让更多的单脚残障人士受益。

项目管理团队强大,能链接有效资源,保障了项目的正常有序开展。温州一八二义工协会有1500多名志愿者,管理团队20人,本项目核心管理人员5人,专职人员2人,日常活动通过网络进行,而整理发放等没有多大技术含量的工作,基本上普通的志愿者都可以做,这在最大程度上保证了项目日常正常运作。项目整合各种资源,组建固定的专业志愿运输队伍。项目充分链接各种运输团队,解决志愿服务中运输需求压力;招募有多年物资收集和发放经验的志愿者,并安排跑固定路线的运输志愿者,以此来保障项目的日常运输。

三、"看见"色彩——盲人触觉绘画公益项目

"'看见'色彩——盲人触觉绘画公益项目"是在 2019 年省级大赛获得金奖的项目,由杭州师范大学艺术无障碍志愿服务团队运作,以浙江省盲人学校为试点,通过为盲人提供盲人触觉绘画课程,不定期为他们举办作品展示和艺术活动,让他们也能拥有正常的社会生活。

(一)项目概述

我国目前有 13 万盲童,由于视力缺失,他们无法像明眼人那样拥有很多的选择权;在他们的学习规划里没有绘画课程,职业规划更多地集中在盲人按摩领域,这让盲人缺少了选择美术兴趣和艺术就业的机会。同时,盲人因为个人部分能力缺失,无法像正常人一样正常地表达自己的观点,获得认同和肯定。而现有的针对特殊人群的帮扶方式更多地集中在提供资金补助和生活慰藉上,特殊群体无法享受正常人的生活,这不利于他们真正融入社会。

该项目以盲童为服务对象,利用志愿者美术专业的优势,通过"基于盲人特点的绘画教学"和"举办融纳艺术活动",展开系列教学活动。自 2016 年 11 月起,团队面向 200 多名先天失明的盲童开展版画教学,平均每年有 120 余名志愿者参与,每周开展 1—3 次教学活动,大约产生作品 2000 余件。团队帮助盲童将版画作品在浙江省"无障碍"作品展、上海艺术博览馆、第九届海峡两岸少儿美术大展等 10 余个展览中展出;同时,平均每一季开展一次融纳

艺术活动,让盲童做老师,带着明眼人一起体验盲人版画的创作过程。项目以"融纳"取代"荣纳",将平等关系落在艺术实践活动中,为特殊人群与普通人之间平等对话提供了一个前所未有的范例。

(二)项目特色和启示

项目设计完整,服务模式创新,保障了志愿服务的常态化开展。团队致力于实现盲人与艺术、盲人与明眼人之间的双向融合,设计并形成了"基于盲人特点的绘画教学——举办融纳艺术活动"的志愿服务模式,即通过触觉绘画教学,帮助盲童在艺术创作中实现自我赋能和自我接纳;通过举办融纳艺术活动,帮助盲童获得艺术就业机会和为社会所接纳。项目将从盲人艺术教学中总结出来的一般规律,转化为志愿服务开展的日常规范,确保了志愿服务的常态化。

项目专业化运作,有利于成果转化,促进了项目的推广和复制。项目由杭州师范大学美术系主任胡俊教授发起并指导,一支由美术专业本研学生组成的志愿团队逐年接力服务,保证了志愿绘画教学等服务内容的专业性;项目链接了大量学术资源,学校为项目服务的师生提供各类创新能力提升工程项目,鼓励他们进行学术研究,校外与中国人民大学法学院、哈佛大学(残障发展项目)、美国佛罗里达州立大学("艺术疗育"硕博研究生培养项目)等进行合作,为艺术疗育志愿服务的可持续发展提供专业保障。由此,项目直接促成服务成果的转化,团队与杭州市残联合作,未来计划研发盲人版画教学的教案和教具等一系列标准化流程,以帮助更多盲人开展触觉绘画学习,从而有利于项目的复制和进一步推广。

项目立足高校,将大学生社会实践活动与志愿服务进行有效链接,较好地实现了高校以志愿服务为载体的实践育人功能。项目中的大学生志愿者运用自己的美术教育和特殊教育专业背景,在规定的服务时间内,对盲童进行绘画教学和帮助版画作品展出,从中既培养了高校学生的专业能力,又锻炼了高校学生的社会适应能力。将志愿服务与社会实践有效结合的项目,是高校实现实践育人的主要途径和平台,大学生能通过项目的体验,在志愿服务的学习、实践、分享、体验中,提升专业知识,升华志愿精神,担当历史责任和使命,扣好人生的第一粒扣子。

第三节 社区治理类志愿服务项目

为共建共治共享和谐社区,浙江省的社区志愿服务探索了以社区为平台,以社会组织为载体,以社工人才为支撑的"三社联动"工作机制,目前社区志愿服务工作日益规范化和常态化,服务触觉不断延伸,覆盖面越来越广,志愿服务已经逐渐融入居民日常生活,引导居民自我管理、自我服务、自我提升,有序参与社区治理,促使浙江社区志愿服务事业蓬勃发展。

一、"红枫义警"群众性社会自治项目

"红枫义警"群众性社会自治项目是在 2019 年省级项目大赛中获得金奖的项目,由浙江省诸暨市红枫义警协会负责运作,以新

时代"枫桥经验"为引领,通过治安巡逻、纠纷调解、法制宣传、社区关怀等各项群众性自治活动,调动广大基层群众参与群防群控,为枫桥创建"家庭和睦、邻里和谐、乡村和美、社会和谐"的平安浙江特色小镇做贡献。

(一)项目概述

20世纪60年代初,浙江省诸暨市枫桥镇干部群众创造了发动和依靠群众,坚持矛盾不上交,就地解决的"枫桥经验",并被毛泽东主席亲笔批示推广,成为全国政法战线一个脍炙人口的典型工作经验。在新时代共建共治共享的社会治理格局下,志愿服务应助力形成具有鲜明时代特色的枫桥新经验。

项目以此为指导思想,链接当地公安、民政等政府部门和共青团、妇联等群团组织的各方资源,组织平安志愿者参与社会治理,通过平安巡防的路径,进行法制宣传、安防教育、纠纷调解、文明劝导等各种形式的志愿服务,达到了解社情民意,促进基层党群关系、警民关系的和谐发展,最终实现政府治理和社会调节、居民自治之间的良性互动。

项目自2017年实施以来,参与调解各类矛盾纠纷1843件,成功率达93%;组织社区服刑人员参与集中教育254人次,实现社区服刑人员期满后100%解矫;排除安全隐患298处,年均参与活动人次近3000人,志愿服务时长达12万余小时。项目志愿者遍布枫桥各个角落,项目影响力大,社会认同度较高,已经成为枫桥平安不可或缺的"眼睛"。

(二)项目特色和启示

项目属于由社会团体发起的社区自治类项目,有成熟的运营模式,稳固的资源支撑体系,保障了项目的可持续发展。在新时代枫桥经验的引领下,项目不断创新完善,形成了"政府领导、公安主管、社会筹办、公众参与"的运作模式,立足平安巡防,常规性开展夜间巡逻、法制宣传、纠纷调解、文明劝导等辅助性警务工作。项目有成熟稳固的资源保障,公安、民政等政府机关帮助团队明确组织形式,参与制定项目的各项规章制度,专业指导项目日常活动,推动入选政府购买服务;社区居民、社区民警、村警与项目团队形成稳固的互动关系,助力项目推进中各种问题的解决;共青团、妇联等群团组织对项目的专业、人员、场地等方面的扶持,形成了群防群控的有效格局,保证了项目持续有序有效地开展。

项目政治站位高,群众参与积极性高,社会效益明显,已经成为辖区内有较强社会公信力的品牌项目,是当地基层社会治理的重要力量。项目以55年沉淀的枫桥经验和成熟的基层社会治理工作为基础设计,并在实施中不断完善;项目运作指导方针明确,管理制度严格;项目主要以"专群结合"为特色,每次平安巡防工作均配备专职干警、社区辅警进行指导,并监督整个活动过程;团队建设规范,由诸暨市公安局政审招募志愿者,进行规范的系列培训和服务,志愿服务纳入个人信用评价;项目的经费由枫桥镇党委人民政府专项资金以购买服务形式保障。

二、"武林大妈 能文能武"武林大妈公益志愿服务

"武林大妈 能文能武"武林大妈公益志愿服务项目是在 2017 年省级项目大赛中获得银奖的项目,由杭州市下城区武林大妈公益社会服务中心负责运作,发挥"武林大妈"在基层社会治理中的"熟人管理"作用,协助基层开展文明宣传、文明劝导、平安巡防、人民调解、邻里互助等志愿服务,形成了志愿服务的品牌化、常态化和规范化机制,缓解了基层社会治理中的困难,为杭州的国际化城市建设营造了良好的社会氛围。

(一)项目概述

武林街道地处杭州市中心,是杭州在后 G20 峰会时代进行城市国际化的重要窗口。街道面积 1.18 平方公里,是全市面积最小的街道,共有 7 个社区,常住人口 6 万余,人口高度密集。社区内"一老一小一新"(老年人、小孩、新市民)数量较多。在基层社会治理工作上面临资源紧、内容多、要求高等难题,维稳安保压力大。武林大妈公益志愿服务项目正是根据上述需求设计实施的。

项目以 G20 杭州峰会为契机,利用大妈们地方熟、人员熟、情况熟的优势,确定"入户走访零遗漏、矛盾纠纷零激化、邻里互助零距离、网格管理零盲区、安全防范零发案"的目标,"武林大妈"按照"底数清、情况明、人头熟、信息灵"的工作原则,在各自网格内开展文明宣传、文明劝导、平安巡防、人民调解、邻里互助等常态化的志愿服务。

武林大妈公益志愿服务项目在服务中不断优化 G20 杭州峰会

时积淀的制度和机制,形成了以网格为单位开展集中培训和与网格轮训相结合的"网格化＋规范化"培训模式,出台《平安巡防管理制度》《平安巡防管理制度日常志愿服务行为规范》等制度,完善了"武林大妈工作站"和"下城区志愿服务微笑亭"的设施和服务,坚持"制度化、规范化和项目化"的团队管理方式,落实了基层治理精细化和规范化建设,营造了良好的社会文明风尚,构建了维稳安保的铜墙铁壁。

(二)项目特色和启示

项目立足熟人社会,将基层社区的治理需求与服务内容精准对接,社会影响力强,是典型的社区治理志愿服务项目。针对武林街道地处市中心、人员复杂和安全隐患大等社区治理难题,组建社区居民志愿团队,充分利用志愿人员地方熟、人员熟、情况熟的优势,以网格为单位,开展平安巡防、信息收集、安全管理、邻里互助、文明宣传、文明劝导等志愿服务,并通过武林大妈工作站为新市民和过往游客提供常态化的咨询和便民服务。项目助力基层社区治理工作不断升级完善,不仅营造了良好的社会秩序和氛围,也向社会展示了武林大妈的良好形象。

项目目标清晰,工作机制完善,管理模式新颖,保证了项目常态化和品牌化的发展。

经过几年服务探索,项目在属地街道专项经费和爱心企业捐赠的支持下,资金情况稳定;将"入户走访零遗漏、矛盾纠纷零激化、邻里互助零距离、网格管理零盲区、安全防范零发案"五个零作为服务目标,按照网格化、阵地化、角色化和信息化模式,完善系列服务机制,建立"走一走、认一认、看一看,说一说、做一做、帮一帮"的"六个一"工作法,并有完善的"武林大妈"工作评价标准体系加以评判,既保证了项目志愿服务持续规范发展,也成为社区治理的品牌项目。

第四节　困境青少年类志愿服务项目

关爱困境青少年、保障青少年合法权益、促进青少年健康成长,一直是浙江省志愿服务的主要耕耘领域之一。全省志愿服务组织以表达困境青少年权益诉求、服务困境青少年成长发展为服务目标,根据本地实际,量身定制关爱帮扶系列志愿服务项目。全省困境青少年志愿服务基本已经形成常态化、专业化的志愿服务工作体系,搭建了稳定的工作平台和服务载体;以思想引领、学业辅导和成长陪伴为主要服务内容,注重人文关怀和心理疏导,将"扶志"和"扶智"有机结合,使处于困境中的青少年在健康成长的同时感受到社会温暖,促进了社会和谐发展。

一、"爱的抱抱"——助力困境儿童成长计划

"爱的抱抱"——助力困境儿童成长计划项目是在 2019 年省级项目大赛中获得金奖的项目,由永康阳光爱心义工协会负责运作。项目以帮困、关爱和陪伴等方式举办各种公益活动,陪伴困境儿童成长,弥补家庭教育和亲情的缺失,以安心救助帮扶和志愿者陪伴相结合的方式,解决困境儿童成长的需求。

(一)项目概述

调查发现,在永康 16 个镇、街区,由家庭贫困导致的 7 岁至 18 岁的困境儿童中,有 1/3 的孩子与祖辈或亲戚生活,1/3 的孩子在单亲家庭中生活,87％的家庭月经济收入少于 3000 元,而且父母往往更多关注孩子的物质需求,忽视孩子心灵的成长,亲子沟通极少,孩子大多存在学习困难和社会交往能力弱的问题。可见,困境儿童的成长环境的不稳定,直接影响他们正常行为习惯的养成和心理的健康发展。

"爱的抱抱"项目组以"陪伴""扶志""赋能"为帮扶目标,整合当地政府部门、企业、媒体的优势,运用"以人为本"的困境儿童帮扶救助新模式,开展艺术课堂、情绪认知、复原力培养、职业教育等活动,并建立成长数据库,实现困境儿童的个人正常成长和家庭关系健康发展。

项目开展 10 年来,建立了专项帮扶基金,用来应对困境家庭遭遇的突发困难;建立实体关爱基地,用来开展帮扶的素质拓展教育;建立并完善了社会化多方位帮扶模式,总结了《困境儿童服务守则》和困境儿童服务分层;基本完成了对永康 16 个镇、街区 152 个村困境儿童的服务全覆盖,帮扶了 506 名困境儿童,受益人数达 19310 人;困境帮扶志愿服务得到较好反哺,15％的服务对象直接成为参与项目活动的志愿者。

(二)项目特色与启示

项目需求调研科学,服务内容专业精准,解决民生痛点,弘扬了社会正能量。团队在永康 16 个镇、街区 192 名平均年龄在

11.06 岁的小学生和 308 名平均年龄在 15.92 岁的中学生中展开调查，发现了困境儿童存在的心理和习惯等影响其正常健康发展的问题；明确了情感和物质双重的帮扶内容，链接政府、企业、媒体资源，以设立专项帮扶基金和帮扶关爱基地为手段，探索了困境儿童帮扶工作的专业化、标准化和职业化路径，实现了困境儿童帮扶的全面覆盖；根据多年帮扶经验，总结出了一系列经验和文本，为提供类似帮扶服务的社会组织提供了专业参考，并与当地文明办、电台一同创办了陪伴栏目，向社会传达了温暖的声音。

项目运作成熟，机制完善，帮扶具有可持续性和可复制性。团队拥有一支包含 13 名社工在内的专业志愿队伍，每年进行至少 20 次不同领域的志愿服务专业培训，以保障项目运作的专业性和职业性；拥有完善的志愿者管理、财务管理制度等，保证规范开展项目各项活动；项目运行的资金稳定，每年至少有 60 万元资金保障；项目自实施以来，已经运行了 10 年，真正提升了困境儿童复原力，改善了家庭亲子关系，在永康当地产生较强的社会影响力，而且该困境帮扶模式已经被相关社会组织借鉴。

二、"鲁冰花开，检爱相随"

"鲁冰花开，检爱相随"项目是在 2019 年省级项目大赛中获得金奖的项目，由遂昌县鲁冰花工作室负责运作，通过创建少年检察官学校、法治教育 100% 进校园、法治教育基地等多样化、个性化的法律服务模式，深入浅出地对青少年进行法治教育，充分利用自身的专业优势和社会经验提升青少年的法律素养，关爱和守护青少年健康成长。

（一）项目概述

遂昌地处浙西南山区，经济较为落后，青少年法律服务工作基础薄弱，困境儿童缺乏犯罪预防及自我保护能力；全县青少年整体数量为23000人，其中，有285名困境儿童分布在各个乡镇，监护、教育的缺失和曲折的成长经历，使得他们更易受到欺凌或走上违法犯罪的道路，急需法律教育和帮助。

为此，项目招募了具备专业法律知识的检察人员和心理咨询师，打造了可复制的法律服务模式：一是"让每一个中小学生每一个学期都能上一堂法治课"的"三个一"法治教育模式；二是"少年检察官"学校"大手牵小手，小手拉小手"的法律教育培训机制。主要通过两种活动落实：第一，"鲁冰花"开携小手，温暖困境少年，通过"一对多"的扇形结对方式与80余名困境少年形成结对帮扶，根据帮扶计划，坚持每月联系，帮助困境少年养成良好的行为习惯；第二，"鲁冰花"香飘四溢，传播法律知识，采用聘请"法治副校长"进课堂、创建"少年检察官学校"、打造校外"青少年法治教育基地"等多样化形式，深入浅出地向青少年传播法律知识，在提升法律素养的同时，预防问题出现。

2018年，"春暖花开　与法同行"法治进校园活动走进全县34所中小学校，受教育人数达到22700余名。2019年继续以"三个一"为目标向全县每一个青少年提供法律服务，同时，帮助困境少年包括涉罪少年树立法治观念，养成良好的行为习惯，已与45名困境儿童形成帮扶结对关系，帮扶对象均养成了良好的行为习惯，未出现违法犯罪和被侵害事件。针对40余名14岁至18岁的困境儿童，项目将继续开展以法律服务为主的帮扶结对活动。

(二)项目特色与启示

项目聚焦困境青少年群体,服务覆盖面广,以专业的志愿服务精准对接各个层次青少年的法律需求,效果明显。项目前期的调研充分,面对遂昌 23000 名青少年和 285 名困境青少年需要法律教育和法律帮助的现实,组建了一支专业强、懂奉献的监察系统青年干警志愿团队。志愿者走进全县各个中小学,利用自身的法律专业优势和社会经验,深入浅出地向青少年传播法律常识;走进结对困境青少年家庭,积极有效地对困境青少年进行帮扶,保障青少年健康成长。该项目运行 4 年来,获得较好的社会效益,完成了青少年个性化的教材和课程开发,编写了小学、初中和高中阶段的法律知识读本及法制课堂配套试卷,并录制了《鲁冰花开　检爱相随》主题宣传片,向全县的每一位青少年提供法律服务;结对的 45 名困境青少年均养成了良好的行为习惯,未出现违法犯罪和被侵害事件。

项目服务模式清晰,方法创新,常态化运作,形成了"鲁冰花"志愿服务品牌。项目经过 4 年的运作,已经打造了一套可以复制的法律服务模式,即让每一个中小学生每一个学期都能上一堂法治课的"三个一"法制教育模式,以及"大手牵小手,小手拉小手"新型法律教育培训机制。在项目实施过程中,专业团队运用规范而创新的服务方式,率先创建"少年检察官"学校,搭建校外的"青少年法制教育基地",使得青少年法制教育常态化。多年扎实有效的志愿服务工作,使得鲁冰花成为当地家喻户晓的志愿品牌,获得国家省市县媒体的百余次报道。

第五节　文化宣传类志愿服务项目

文化志愿服务是满足人民日益增长的物质文化需要的重要途径和方式,是社会主义精神文明建设的重要组成部分。作为文化大省,浙江省文化宣传志愿服务积极探索,建设形成了一批有特色的文化志愿服务组织,开展了形式多样的文化宣传类志愿服务项目,以回应人民群众增长的文化需求,服务内容均以习近平新时代中国特色社会主义思想为指导,以培育和践行社会主义核心价值观为根本,多年的志愿服务规范化和专业化耕耘促进了文化志愿服务的常态化和可持续健康发展,促进了向上向善传播文明的良好社会风尚的形成。

一、中国第一部民间草根志愿口述史

"中国第一部民间草根志愿口述史"项目是在 2018 年省级大赛中获得金奖的项目,由杭州公益观察团负责运作,通过做一部民间草根志愿服务口述史,梳理志愿文化的发展史,在鼓舞更多人加入志愿者行列的同时,弘扬志愿文化。

(一)项目概述

记录志愿历史,讲好志愿故事,弘扬志愿文化,让更多的人深入了解志愿者,感受志愿服务的魅力,吸引更多人加入志愿者行列。而目前没有相关平台或组织专门撰写志愿文化的口述史,主流媒体只是注重志愿服务新闻报道，一般也不会长期跟踪报道。一旦时间过长，志愿服务的历史容易缺失，造成不必要的志愿文化断层。而一部完善的志愿服务口述史对新加入志愿服务行列的志愿者而言，则能起到帮助其了解志愿服务历史沿革，理解志愿文化的作用。

为此，一批专门从事宣传工作且专业技能过硬的志愿者组成志愿服务团队，制订详细的采访计划，通过志愿汇、杭州志愿者协会等平台，搜集自1993年志愿服务开展以来的组织者、参与者和受益者，与参访对象深入沟通交流，将亲历者口述的历史事件整理成文，形成规范完整的口述史册，并将成册的口述史提供给相关政府部门、业内人士以进行研讨和存档。

项目运作至今，团队记录报道了2015年至今的历届春运、动漫节、西博会等常规志愿活动和G20杭州峰会大型志愿活动，跟随记录了杭州铁路服务队"帮帮盲"项目、"慰问抗战老兵"项目等志愿服务，51篇文章在"我叫志愿者"公众号上推送。项目成果被"央视新闻"客户端、人民网、腾讯新闻、"中国青年志愿者"公众号、《钱江晚报》等省市媒体采用，中央电视台还专门制作专题纪录片。

（二）项目特色与启示

项目文化定位独特，记录手法专业，弘扬了志愿文化。针对志愿服务开展25年来的亲历者、参与者、见证者，运用抢救性、系统性的记录方式，还原志愿服务鲜活案例，重现已经流失的志愿服务历史，保存志愿服务现况，形成规范完整的口述史，体现了对志愿者的尊重和对志愿服务事业的敬意。项目团队专业稳定,他们是从事宣传工作的具有过硬专业技能的志愿者,无论是志愿历史的挖掘还是现场的采访报道,均制订专业的拍摄和采访计划,从不同角度用新媒体手段制作图文、动画、微电影和短视频,获得了不同媒体的认可和转载。志愿口述史通过文字传播、新媒体传播等,在激励志愿者的同时,让志愿文化家喻户晓。

项目管理规范,资金稳定,具有较大的社会价值。公益观察团专门成立口述史项目部,负责项目开展中的组织和协调,由队长和队委带领专业采访拍摄人员进行具体的工作,以保证活动的正常规范推进;项目团队和资金稳定,除拥有多年报道志愿服务的成员外,每年均有摄像、新闻等专业的大学生加入;项目每年都有一笔来自历史文化研究的政府配套资金,每年也通过网络众筹平台筹集资金,为团队活动的开展提供了保障;志愿口述史由民间志愿组织直接从一线梳理志愿文化发展的脉络,归纳志愿服务的变化,演绎未来志愿服务发展的趋势,这是中国第一部民间草根志愿服务口述史,具有较大的文化价值和社会意义。

二、老骥行动——一趟驶向乡村文明的夕阳列车

"老骥行动——一趟驶向乡村文明的夕阳列车"项目是在2019年省级项目大赛中获得金奖的项目,由宁波市鄞州区银巢养老服务中心负责运作。项目组建了一支城市高知老年人志愿者团队,以课堂讲座、节目表演、便民集市、一对一结对帮扶等活动为载体,带文明和爱心下乡,服务于乡村小学生和农村居民,有效助力乡村振兴。

(一)项目概述

改革开放以来,宁波的农村经济建设取得巨大成就,农民物质生活水平逐渐提高,但农村居民对文化生活的认识不到位,农村文化生活贫瘠,文化阵地建设滞后,文化人才缺乏,文化科技教育活动开展困难。而受过良好教育的宁波城市老人群体愿意参与志愿服务,将文明送到农村,助力新文明实践中心的"最后一公里"。

项目团队在宁波市招募了一批高知退休志愿者,通过讲课、服务等方式,满足农村居民的乡风建设需求,缓解农村儿童科学和法制教育资源缺乏问题,向困难家庭和孤寡老人提供温暖帮助,进而引导村民自觉参与乡村振兴计划。

项目运作近 2 年来,已经走进 10 多个乡镇,服务 5600 余人,受益乡村的生活品质和幸福感明显上升,并带动 5 个乡镇自助建立了自己的老年志愿队伍,积极参与到文明建设工作中,极大地提升了乡村文明建设的内生驱动力。项目产生了显著的社会影响,吸引了在校大学生和社会爱心人士参与志愿服务,目前志愿人数达到 500 余人,还获得中国新华网、中国经济网和浙江卫视等多家媒体近百次的宣传报道。

(二)项目特色与启示

项目以乡村振兴为背景,以需求为导向,打造了智力扶贫的乡村振兴志愿服务项目。实施乡村振兴战略需要精神文明和物质文明一起抓,关键是提升农民的精神文明。项目以此为切入点,调研农村中存在的精神文明和物质文明间的落差问题,设计帮扶内容,组建高知城市老人志愿团队,以"农民学校""新时代农民讲习所""梦想课堂"等为载体,为乡村孩子和居民提供科技、法制、文化类课程,致力于将文化留在乡村,提升乡村文明水平。

在立足双老文明,创新服务模式,激发乡村文明振兴内生力的同时,将城市老人从"被服务者"转变为"服务者"。项目通过城乡结对,将城市志愿老人从传统意义的单纯养老转变为参与乡村文明建设的温暖力量,开展不同的乡风文明建设活动,满足乡村多样化的精神生活需求,提升村民综合素质和生活幸福感,真正实现社会资源助力乡村振兴;项目注重在乡村内部成立老年志愿服务队伍,激发村民的志愿服务参与热情,实现乡村内部文明的建设,构建双老文明和双老服务的乡村振兴新模式。

第六节　恤病助医类志愿服务项目

恤病助医志愿服务是志愿服务的重要领域,围绕健康中国发展目标,浙江省各级医疗机构结合自己的专业特色和医疗工作平台,聚焦健康意识增强、健康知识普及、健康生活方式宣传、健康社会氛围营造等方面,深入了解群众需求,开展了公益活动、宣讲巡讲、义诊查体、公卫宣传等健康促进与健康教育的志愿服务项目,引导医疗志愿者走入基层发挥专业知识以提高全民健康素养,改善影响健康的社会环境,让健康工作落到实处,让健康科普更靠谱,展现了浙江广大医疗志愿者的时代风采。

一、关爱女性,母婴健康——"女儿花"志愿服务

"关爱女性,母婴健康——'女儿花'志愿服务"项目是在2019年省级项目大赛中获得金奖的项目,由金华市人民医院妇产科负责运作。产科专业医务工作人员组建专业的志愿者团队,以线上线下授课、义诊、咨询、建档、联谊会和家访等形式,进行及时宣讲和精准干预,切实帮扶产后抑郁症患者及时调整抑郁情绪,正常生活。

(一)项目概述

孕妇产后抑郁发病率在15%至30%,严重抑郁则会导致自杀的悲剧。产妇抑郁自杀的原因主要是缺少情绪宣泄口,且没有得到及时的专业治疗。其实每个因产后抑郁自杀的人,只要事先进行及时专业的干预,都能走出抑郁,正常生活。金华市人民医院妇产科每年接纳的产妇占金华地区产妇总数的50%左右,为了帮助初产妇、高龄产妇和二胎孕妇顺利走过孕期、产后的时光,金华市人民医院产科一群30岁左右的专业医务工作者组建了"女人花"志愿服务团队,进行专业性、系统性的产后抑郁宣传和干预。

项目团队提供产后抑郁症早期干预系统性解决方案,对来院的每一位产妇建立心理档案,按阶段实施"五个一"工程,即让产妇参与"一个学校""一个俱乐部""一个读书会""一次互动活动""一次义诊"等五项活动,从生理、心理、社会各个层面进行有效宣传和干预,并在孕期的建册、糖耐量检查、入院待产、出院、出院30天和产后42天6个关键点对产妇进行评估,一旦发现问题,即鼓励产

妇积极沟通,产妇既可以通过"专属医生"APP和"女人花"微信群直接接受在线专业指导,也可以以线下面对面的问候、倾听和关怀等方式,接受全方位心理干预,及时调整抑郁情绪。

项目自落地以来,建立8218例产妇心理档案,举办53场妈妈联谊会,家访50次,约谈160人,开设了216次妈妈课堂、爸爸课堂和婆婆妈妈课堂等,举办53场"妈妈咪读书会"线上分享会,每周组织"辣妈健身俱乐部"进行锻炼活动,帮助近1万名产妇平稳渡过这段人生的特殊时期。

(二)项目特色和启示

项目定位准确,服务内容科学,形成了有效的可复制的专业服务模式。由医院产科的专业医务工作者组成的志愿服务团队,面对的服务群体是在该院产科就医的产妇,服务内容是针对孕妇产科并发症、孕期保健、产后康复及心理问题进行专业宣传和有效干预。项目运作以来,已经创新并形成"HEART"干预服务模式,即Help(帮助)、Establish(建立)、Archive(档案)、Talk(说出来),利用"专属医生"APP和"女人花"微信群,实现在线咨询服务,并与集中授课、孕妇学校、读书会、义诊活动等线下活动相结合,保证了服务的可及性、专业性和系统性。

项目运作科学,服务效能明显,可持续性和复制性强。项目自落地始,就逐渐形成来自医院产科志愿团队、各大高校志愿团队和相关官网招募的社会志愿团队共600余人的服务队伍,其中核心志愿者20余人,项目常驻志愿者150人,服务团队专业稳定有一定规模;项目有稳定的资金保障,主要有每年5万的医院拨款和10

万的社会捐款;项目服务对象范围确定为产妇个人、所在家庭和社区,从生理、心理、社会三方面开展心理干预,并通过赋能的方式使帮扶对象反哺志愿服务,使受益者成为志愿者,增强志愿服务的效能;项目在发展过程中已经在 15 家医联体医院和 35 家联盟医院进行推广,该项目呈现标准化服务趋势,对类似专业志愿团队而言,具有较强的参考性和可复制性。

二、"幸福 1＋1,温暖'移'家人"志愿服务

"幸福 1＋1,温暖'移'家人"志愿服务项目是在 2019 年省级项目大赛中获得金奖的项目,由浙江大学医学院附属第一医院"移家人"志愿者组织负责运作。项目中,医疗专家志愿团、OPO 协调员志愿者团、社工＋志愿者三大团队分工协作,为器官捐献者困难家庭送去温暖与关爱。

(一)项目概述

调查显示,截至 2019 年 4 月底,浙江省器官捐献案例 1142例,而由浙江大学医学院附属第一医院协调的公民捐献器官数量占 2/3,其中 60％左右的捐献者年龄为 20—50 岁,以外来务工人员中青年为多,都是家庭顶梁柱,大多以脑外伤、内伤、先天性疾病、交通事故、突发意外等死亡因素为主。失去至亲使得这些家庭支离破碎,高额的医药治疗费用又使得原本并不富裕的家庭雪上加霜,导致家庭基本生活和小孩教育等陷入困境;同时,家属因遭受失去亲人的沉重打击,大都存在心理、情绪和行为方面的问题,甚至使他们失去重返社会的信心。

为此,在医院领导大力支持下,项目特设立温暖"移家人"志愿者组织,组建医疗专家志愿团、OPO协调员志愿者团、社工＋社会志愿者三大团队,由100多名爱心人士组成稳定的队伍,主要服务于全省11个市部分器官捐献者的贫困家庭。通过挖掘并整合医院内外资源,构建"四维帮扶"服务模式,借助于"互联网＋"技术,依托公益管理平台,将优质医疗资源送达基层;以"协调员杂货铺"公益微店、9·9公益日募捐的公益助学金、爱心结对志愿者走访等形式,将帮扶物资和资金送到帮扶家庭,共同助力器官捐献者家庭走出困境。

项目开展4年以来,温暖"移家人"的足迹遍布浙江11个地市,服务时间达3万小时,受益家庭600余户。"巡回医疗巴士"义诊2000余次,免诊疗费30余万元,并与150多家基层医院实现远程联网诊疗,受益家庭上万;已经完成5批助学活动,用20万元补助40位困难家庭孩子的学费;每年为部分捐献者家庭进行家庭产业扶持,协助多渠道经营,提高家庭总收入。

(二)项目特色和启示

项目立足医院器官捐献者群体,以感恩重生和无私奉献的服务理念,开展精准的志愿服务。每一位器官捐献者在离开世界时温暖了陌生人,是他们用最后的生命展示了人间至善至美的大爱;由医务工作者、OPO协调员和器官移植术后康复者组成的志愿团队延续这份大爱,传递爱的美好和生的希望。项目根据每个家庭的具体困难,以一对一结对的方式,从心理、生理、学业、产业等多方位提供精准帮扶服务,帮助困难家庭走出生活困境,共同助力他们重燃生活的希望。

项目服务模式新颖,资源整合有效,服务方法科学,保证了志愿服务的可持续性。项目运作 4 年来,挖掘整合内外资源,已经构建了医疗救助、学业救助、技术扶贫、爱心结对"四维帮扶服务"模式,确保了医疗服务的专业性、物质供给的针对性和心灵抚慰的有效性,体现了服务的体系化和组织化;运用互联网,将优质医疗资源送到急需的家庭;建立"协调员杂货铺""OPO 协调员走访"等稳定的公益平台,使服务内容和服务对象需求形成良性互动。项目负责机构清晰、资金稳定、职责明确,确保了志愿服务有序长久开展。

第四章

项目大赛对浙江省志愿服务
发展的引领与提升

浙江省青年志愿服务项目大赛自 2016 年始,经过 4 年的推广和传播,品牌传播力越来越大,社会影响力越来越强,志愿精神日益深入人心,志愿服务氛围更加浓厚。在回顾志愿服务项目大赛的历程时,我们不难发现,志愿服务大赛就是弘扬志愿精神的传播机,就是完善志愿项目的实验室,就是开展志愿活动的演练场,具有政治引领、能力提升、品牌传播、实践育人和社会治理等作用,有效推动了浙江省志愿服务在新时代的新发展。

第一节 强化志愿服务的政治引领

一、志愿服务政治引领的逻辑必然

志愿服务是现代社会文明进步的重要标志,是加强精神文明建设、培育和践行社会主义核心价值观的重要内容。习近平总书记在 2019 年 7 月 23 日致中国志愿服务联合会第二届会员代表大会的贺信中指出,党的十八大以来,广大志愿者、志愿服务组织、志愿服务工作者为他人送温暖、为社会做贡献,充分彰显了理想信念、爱心善意、责任担当,成为人民有信仰、国家有力量、民族有希望的生动体现。在志愿服务中加强政治引领,是中国特色志愿服务的政治优势和应有效果,是新时代志愿者感知时代、融入时代、推动时代的重要途径，必然成为志愿服务践行责任担当的衡量标准和工作内容。

加强政治引领，能让志愿服务在参与社会治理中发挥更大的社会正向作用，也是我国多年来丰富志愿服务实践的广泛共识。要加强志愿服务的政治引领，使志愿组织自觉将新思想融入志愿服务过程，引导志愿者、志愿服务工作者始终坚持以人民为中心，践行社会主义核心价值观。围绕助老助残、恤病助医、改革攻坚、社会治理、环境保护与垃圾分类、禁毒教育与法律服务、应急救援、文化宣传与理论研究、大型赛会等重点领域和重大活动，围绕老年人、困境儿童、残疾人、城市流动人口、农村留守人员等重点群体持续广泛开展志愿服务活动，引导志愿者在服务过程中有序参与社会建设，更好地实现自我成长的同时，成为社会进步、实现中华民族伟大复兴中国梦可以依靠的力量，担负起时代赋予的历史责任。

二、项目大赛对志愿服务具有政治引领作用

经历四届项目大赛，参赛项目日渐凸显出思想政治的引领作用，加入了弘扬新思想和传递党的宗旨、理念、目标等元素，把引领融入服务之中，将社会温暖传递给千家万户，使志愿项目在新时代发挥更加积极的作用。近年来，参赛项目中不仅文化宣传类项目加大了对新思想的传播力度，而且助老助残类等社会治理类项目也将社会主义核心价值观、红色关爱等融入服务过程，不断提高思想政治引领的精准度和实效，以特色志愿服务凝聚人心，发挥在思想政治引领、传播党的声音、传承优秀文化、培育文明新

风等方面的作用。可见,融入政治引领元素的参赛项目在实践中已然发挥更加积极的效益,志愿服务与社会主义核心价值观等恰如其分地结合,获得评委的高度认可,并丰富了志愿者的思想政治素质,为浙江省营造向上向善、诚信互助的社会风尚贡献了力量。

第二节　突出志愿服务的实践育人

一、志愿服务是实践育人的本质属性

志愿服务是实践育人的重要平台,是培养公民正确的世界观、人生观与价值观,提高公民道德素养、政治觉悟和奉献精神的重要路径。习近平总书记多次对志愿者服务提出殷切希望,强调要弘扬奉献、友爱、互助、进步的志愿精神,用爱心温暖需要帮助的人,努力践行社会主义核心价值观,积极向上向善,为实现中国梦有一分热发一分光。

实践育人是志愿服务的本质属性,能让志愿者在志愿服务的学习、实践、分享、体验中不断成长和自我完善。志愿服务具有价值引领作用,在服务中身处向上向善浓厚志愿氛围,浸润着"奉献、友爱、互助、进步"的志愿精神和志愿文化,志愿者自然由心而生正确的价值观;志愿服务具有提升素养的作用,参与过程就是践行社会主义核心价值观的生动社会实践过程,也是一个引导人、塑造人、教育人的过程,既锻炼了服务技能,也提升了思想道德素质;志

愿服务具有增强社会责任意识的作用,在志愿服务中,志愿者能够深入边远地区、走进社区、服务于大型会议赛事等,能够深刻感知社会各个领域,接触了解各个群体,深度体验生活,感受民生民情,激发自身服务意识、奉献精神、责任观念,树立为人民服务的主人翁意识和社会责任感。

二、项目大赛促进志愿服务实践育人作用的发挥

纵观四届项目大赛,参赛项目都从满足人们美好生活的需要出发,着眼于实现每个人的全面发展:一方面,志愿者普及志愿知识和传播志愿理念,为人们提供物质支持、心理支持和社会支持等多元化的深层次的服务,在促进志愿服务的家喻户晓和理念的深入人心的同时,帮助服务对象实现自我价值;另一方面,志愿者在服务他人的过程中,实现自我价值,完成志愿者的自我教育和自我提高,在获得情感精神回报的同时全面提升个人的整体素质。2019年省赛金奖项目"关爱女性,母婴健康——'女人花'志愿服务""'爱的抱抱'——助力困境儿童成长计划"等见证的就是在服务过程中志愿者和服务对象的共同成长。同时,笔者也发现,参赛项目中有来自中小学和大学的志愿服务项目,这些学校将志愿服务作为未成年人思想道德建设和大学生思想政治教育的重要内容,纳入学校教育,体现在课堂教学、课外活动和社会实践中,志愿服务已经成为青少年育人的重要阵地和载体。如"'小河长,大行动'护水治水我能行""'看见'色彩——盲人触觉绘画公益项目""温州市'生命之光,器官捐献'志愿服务项目""丝路海潮音,讲给世界听——浙江沿海民间故事传承保护公益项目""为了生命有尊

严的谢幕——浙江大学医学院'青春伴夕阳'临终关怀志愿服务项目"等来自浙江各个高校和小学的项目,将志愿服务和实践育人有机融合,发挥着重要的教育作用。

第三节　助力志愿服务的专业提升

一、志愿服务专业化发展趋势

2008 年以来专业化志愿服务呈现出快速发展的趋势,新时代志愿服务已逐渐从传统的奉献爱心迈向现代的专业化发展。2017年 12 月 1 日开始实施的中国第一部关于志愿服务的专门性法规《志愿服务条例》中,明确提出"国家鼓励和支持国家机关、企业事业单位、人民团体、社会组织等成立志愿服务队伍开展专业志愿服务活动,鼓励和支持具备专业知识、技能的志愿者提供专业志愿服务",对志愿服务专业化提出了进一步要求。志愿服务专业化是解决社会治理与社会发展问题,实现志愿者和志愿组织的专业价值,推动创建共融、共建、共享的和谐社会的重要路径。志愿服务的专业化有利于专业志愿者跨越阶层、跨越部门、跨越地区积极而有序地参与社会治理,促进社会融合与包容;有利于专业志愿组织精准聚焦社会问题,以项目化方式运用专业技能和系统化方案完成志愿服务,提升志愿服务成效及其社会影响力。

专业志愿服务是"由专业人士或专业团体自愿、无偿提供的具有职业或行业标准和规程的专业服务"。在新时代的志愿服务领域,应针对社会需求,面向社会公开招募在医疗、法律、教育、环保、社区服务等方面有专业特长的志愿者,跨界组建专业志愿团队,运用项目化方式和技术手段,解决社会问题,提升志愿服务的社会效率。因此,需要重点建设一批具有专业能力的志愿服务组织,在助老助残、恤病助医、改革攻坚、社会治理、环境保护与垃圾分类、禁毒教育与法律服务、应急救援、文化宣传与理论研究、大型赛会等领域发挥积极作用,实现志愿组织的价值最大化。需要动员各行各业中具有专业知识和技能的人士加入志愿行列,为志愿者提供价值最大化的志愿服务机会,在志愿服务过程中,志愿者充分发挥各自的专业特长,增强社会责任意识,提升社会化水平和专业能力及其个体效能价值。

二、项目大赛促进志愿服务专业能力逐年提升

四年省赛在传播了志愿服务专业内涵的基础上,提升并巩固了参赛项目的组织和志愿者的专业能力。目前浙江省专业志愿服务已经形成,按照"坚持志愿,量力而行,讲求实效,持之以恒"的原则,在恤病助医、助老助残、社会治理、禁毒教育与法律服务、环境保护与垃圾分类等领域形成了一支支志愿服务的专业队伍,聚集了相关行业的专业人员,以项目化的形式,较好地解决社会亟待解决的问题,社会效益显著。以 2017 年、2018 年和 2019 年参加省赛获奖志愿服务项目为例,来自高校、医院和社会团体的项目在参赛项目中的占比分别是 83%、73%、83%(见表 4-1)。可见,开展志愿服务项目的中坚力量是专业性特征明显的高校、医院和社会专业团体,这些团体有效促进了志愿服务的科学性和持续性。而以

2019 年获金奖项目分析,其中"医心医意——医慈协同志愿服务项目""温州市'生命之光,器官捐献'志愿服务项目""关爱女性,母婴健康——'女人花'志愿服务""'看见'色彩——盲人触觉绘画公益项目""老骥行动——一趟驶向乡村文明的夕阳列车""爱的抱抱——助力困境儿童成长计划""鲁冰花开,检爱相随"等项目,不仅申报单位有较强的专业性,志愿者在志愿项目中体现较高的专业水平,而且使社会需求与精准服务无缝对接,并获得较好的社会服务成效,项目在赛会现场获得专家评委的高度评价。参赛的志愿服务项目日益呈现出专业服务视角独特、供需对接精准、服务目标明确、服务形式创新、服务管理健全、服务成效显著等特点,目前已经以省赛为平台向全省全方位进行示范推广。

表 4-1 2017—2019 年浙江省志愿服务项目大赛参赛项目参与主体数据统计

参与主体	2017 年		2018 年		2019 年	
	数量	占比	数量	占比	数量	占比
高校	8	26.67%	7	23.33%	13	36.11%
企业	1	3.33%	4	13.33%	3	8.33%
社会团队	13	43.33%	12	40.00%	10	27.78%
医院	4	13.33%	3	10.00%	7	19.44%
其他	4	13.33%	4	13.33%	3	8.33%
总计	30	100%	30	100%	36	100%

第四节 促进志愿服务的社会治理

一、志愿服务在社会治理中的作用

党的十九大报告明确提出，加强社会治理，"打造共建、共治、共享的社会治理格局"；志愿服务的健康发展与社会治理的本质要求有着高度的契合，志愿服务在实现现代社会治理中具有独特的意义和功能。社会治理现代化目标的实现需要民众的良性参与，而志愿服务则是民众良性参与的有效途径。为此，习近平总书记提出，要为志愿服务搭建更多平台，给予更多支持，推进志愿服务制度化常态化，凝聚广大人民群众，为实现"两个一百年"奋斗目标、实现中华民族伟大复兴的中国梦贡献力量。

发挥志愿服务在社会治理中的积极作用，要求将志愿服务侧重于维护社会弱势群体上，志愿者和志愿组织有序参与助老助残、恤病助医、应急救援、禁毒教育与法律服务等领域的服务，以专业化志愿服务方式，有效改善弱势群体客观生存环境，提升弱势群体的生存能力，保障弱势群体的基本权益，弥补政府和社会相关部门服务的不足，促进社会的和谐与公平。要将志愿服务链条延伸到参与服务城市发展和乡村振兴上，依托社区志愿服务和新文明实践中心，构建有效的志愿服务体系和长效的服务机制，促进城市发展和乡村振兴，实现"推动社会治理重心向基层下移，发挥社会组织作用，实现政府治理和社会调节、居民自治良性互动"。要求将新时代志愿服务的使命任务和核心价值贯穿志愿服务始终,倡导和传播"奉献、友爱、互助、进步"的志愿精神,将社会主义核心价值观转化为人们的情感认同和行为习惯,激励引导民众参与志愿服务,聚焦弱势群体,聚焦脱贫攻坚,自觉牢记志愿使命,践行志愿价值,服务于党和国家的中心工作,在服务他人、奉献社会的过程中实现自我价值,以志愿理念和行动促进社会和谐进步。

二、项目大赛对志愿服务社会治理功能的促进

浙江省志愿服务 20 多年的实践探索,始终与"两个高水平"建设相适应,以规范化、制度化、法制化发展为方向,以服务党政中心与社会民生为重点,以培养优秀示范项目为抓手,围绕扶贫济困、恤病助医、应急救援、社区服务、大型赛会、文化宣传以及"最多跑一次""垃圾分类""文明城市创建"等改革攻坚领域发挥了重要作用。梳理历届参加省级志愿服务项目大赛的类别可以发现:关注弱势群体如关爱行动、阳光助残类的志愿服务项目在获奖项目中占比较高;融入社区、贴近民生类的"红枫义警""武林大妈""三和交流室"助推社区治理志愿服务项目等社会治理类也在获奖项目中保持一个较高的比例;在社会民生重点领域,垃圾分类和平安巡防类项目虽然占比不高,但始终保持一定比例(见表 4-2)。可见,化解社会矛盾、帮扶助困、满足民生需求和反映民情等始终是浙江省志愿服务的主要服务领域,并已然成为民众平等参与社会公共事务的重要路径,打通了社会治理的"最后一公里"。同时,项目大赛经过四年传播和推广,志愿服务社会影响力越来越大,志愿服务理念深入人心,志愿队伍日益壮大,全省志愿服务的氛围更加浓

厚,如今党员志愿者、平安志愿者、网络文明志愿者、助残志愿者、青年志愿者、巾帼志愿者、红十字志愿者遍布全省各个城乡,全省注册志愿者人数连续两年跃居全国第一,超过浙江省常住人口数的25%。

图 4-2　2017—2019 年各类别获奖项目数据统计

类别	2017 年		2018 年		2019 年	
	数量	占比	数量	占比	数量	占比
扶贫开发与应急救援	2	6.7%	3	10.0%	0	0
关爱行动	8	26.7%	8	26.7%	7	19.4%
环境保护	2	6.7%	2	6.7%	2	5.6%
禁毒教育与法律服务	0	0	2	6.7%	3	8.3%
社会治理(助老、社区)	6	20%	5	16.7%	9	25.0%
文化宣传与网络文明	3	10%	3	10.0%	2	5.6%
恤病助医	0	0	0	0	7	19.4%
阳光助残	4	13.3%	4	13.3%	5	13.9%
其他领域	5	16.7%	3	10.0%	1	2.8%
总计	30	100%	30	100%	36	100%

第五节　扩大志愿服务的品牌影响

一、志愿服务品牌化的必要性

党的十九大报告提出,要推进志愿者服务制度化,强化社会责任意识、规则意识、奉献意识。当今新时代志愿服务在制度化推进过程中,迫切需要通过品牌建设整合社会资源,拓展服务内容,探索建立长效机制,引领志愿服务迈向更高品质的发展之路。志愿服务品牌化是提升志愿服务质量和服务效率的专业运作方式,是凝聚社会力量投身志愿服务的重要平台,是高品质志愿服务的"名片",是引领志愿服务时代潮流的风向标,必然成为志愿服务未来发展之路。

推进志愿服务品牌化建设,要打造一批专业化、精准化的特色志愿服务项目和服务品牌,逐步推进志愿服务品牌工作的规范化和常态化。为此,首先要进行合理的品牌定位,根据社会需要及组织优势提供差异化服务,以信息化、开放式和全方位的形式不断创新志愿服务方式,形成了富有特色的志愿服务品牌,并建立起形象识别系统,以良好的品牌形象扩大知名度和影响力;要提供坚实的制度保障,不断完善团队管理、激励回馈、督导评价等方面的规章制度和志愿服务体系,理顺管理体制,有效整合资源,规范服务供给,提高服务效率,以避免品牌化建设中出现服务碎片化或孤立化的弊端;要强化品牌的宣传力度,不断拓宽宣传渠道,以线上和线下相结合的方式,在网络媒体、平面媒体、电视电台媒体、社会宣传和各种主题活动中结合志愿服务文化进行多方位宣传,以提高品牌的知名度和影响力,增强品牌的吸引力和号召力。

二、项目大赛助推浙江省志愿服务在全国的品牌影响力

浙江省志愿服务项目大赛的举办共培育了 339 个优秀志愿服务项目,四年时间多方位的传播和示范,增强了志愿服务的影响力和号召力,仅每届省赛的网上直播就吸引了 120 万人在线观看,极大地助推新时代浙江省志愿服务发展,使其专业水平位居全国志愿服务的前列。从四届全国青年志愿服务项目大赛的获奖项目数量上看,自 2016 年首届省赛举办以来,浙江省获金银奖数量明显增加,金奖项目数量从 2014 年、2015 年每年的 2 个增加到 2016 年的 6 个、2018 年的 8 个,银奖项目数量从 2014 年的 14 个、2015 年的 18 个增加到 2016 年和 2018 年的 21 个;以 2018 年第四届中国青年志愿服务项目大赛为例,浙江 35 个志愿服务项目参赛,斩获金奖 11 个,入围项目数量和金奖数量均居全国省级参赛单位首位。(见表 4-3、4-4)

省志愿服务项目大赛同时也为成功打造"小青荷""微笑亭""武林大妈""红日亭"等知名志愿服务品牌贡献了力量,目前已经在浙江广袤的城乡形成一道道温暖靓丽的风景。全省志愿服务品牌主要集中在以下几个领域。第一,主动融入党委政府中心工作领域的"跑小青"和"河小二"品牌。4.9 万名"跑小青"助推"最多跑一次"改革志愿服务行动,在全省 478 个行政服务中心(便民服务站),以改革宣传、服务引导、疑难解答、意见收集、业务

代办等形式，服务群众 26.3 万余人次，服务时长约 23 万小时。40 余万名"河小二"志愿者助力"五水共治"志愿服务行动，在全省 58 个县控及以上劣 V 类断面开展"'河小二'跟着河长去巡河"、集中护水日等各级各类活动 6 万余场，参与活动的志愿者超百万人次。

第二，省志愿服务项目大赛全力支持服务大型赛会的"小青荷"和"小梧桐"品牌。以 2016 年高质量完成了 G20 杭州峰会志愿服务的 4021 名"小青荷"和以 2014 年开始每年为世界互联网大会提供专业志愿服务的 6000 多名"小梧桐"为代表，累计有 3 万多名志愿者为在浙江省召开的全国学生运动会、世界浙商大会、世界油商大会、金砖国家部长级会议、中国科协年会等大型赛会提供了志愿服务，对外展示了浙江志愿者的精神风貌。

省志愿服务项目大赛积极关注涉及社会治理的"微笑亭""红日亭""红枫义警""武林大妈"品牌。从 2009 年 10 月在杭州西湖边开设了第一个微笑亭至今，杭州各大景区、车站、大街小巷已有"微笑亭"122 个，被中宣部命名为第四批 50 个全国学雷锋活动示范点之一。"武林大妈"和"红枫义警"已成为地方基层社会治理响当当的"排头兵"和"金名片"。"武林大妈"从最初的 18 人发展至如今的 4.2 万余人，承担起邻里互助员、文明劝导员、民情收集员、安全巡防员、平安宣传员和纠纷调解员的"六个员"的角色，以"熟人管理模式"的运作模式，问家长里短、护邻里平安，助力社会基层源头治理。始于 2017 年的"红枫义警"，共有"红枫义警"119 名，几年里"红枫义警"形成以夜间巡逻为主线，同时开展治安巡逻、法制宣传、安防教育、纠纷调解、文明劝导、小型活动安保等辅助性警务工作的模式,与社区民警、村警组成枫桥"三警"基础防控格局,每位成员都成了枫桥平安的"眼睛"。如今这块在枫桥家喻户晓的金字招牌越来越亮,每一个村庄都设有"红枫义警"的分站,"红枫义警"正用自己的实际行动,践行着守护家乡平安的诺言,成为一道道亮丽的"枫警线"。类似的志愿品牌项目在全省各个城市得到大量复制推广,志愿服务以常态化的形式在基层工作中发挥着独特的作用。

浙江省志愿服务工作将群众所想、所需、所急作为重要出发点,特别关注困难群众,通过志愿服务雪中送炭、传递温暖。浙江省广泛开展党员志愿服务、邻里守望志愿服务等以社区和行政村为重心的基层志愿服务活动;建立"亲青帮"线上关爱维权平台,为青少年提供预防违法犯罪和法律援助等服务,2236 名律师、心理咨询师和社工等专家注册成为志愿者入驻平台,已为 66208 名青少年提供了引导、咨询和帮助;开展西部计划志愿服务行动,引导和支持浙江省大学生前往西藏、新疆、青海等西部地区和省内山区、海岛、边远地区支教、支农、支医,共招募大学生志愿者 4113 名,年均续签留任率 40% 以上;积极开展关爱农村留守儿童、服务春运"暖冬行动"、无偿献血、阳光助残、文明停放共享单车等志愿服务,取得良好的社会效果。从政府组织到社会自发参与,从以学生为主到各界纷纷加入,浙江志愿者人数成倍增长,志愿服务活动越来越得到社会各界的响应,志愿服务品牌越来越被社会所认可。

表 4-3 四届中国青年志愿服务项目大赛中浙江省参赛项目获金奖情况

届别	金奖数量	金奖项目名称
第一届	2	1. 台州市临海市志愿者协会"爱心手牵手·帮扶一对一"结对帮扶残疾青少年项目 2. 嘉兴市志愿者协会"万封家书传亲情"关爱新居民(农民工)子女志愿服务项目
第二届	2	1. 浙江大学团委西湖区"志青春·阳光驿站"工疗站助残志愿服务项目 2. 温州市水利局(珊溪水利枢纽管理局)"亲近水源地,爱心献库区"节水护水系列公益活动
第三届	6	1. "触摸天堂——阅读文化助盲"志愿服务项目 2. 台州青年之声"古咕丁"医疗知识普及计划 3. 艺游乡里——乡村儿童美育计划 4. 传非遗,贯古今——弘扬杭州非遗文化志愿服务项目 5. 生命相髓,为爱而生——造血干细胞捐献志愿服务公益项目 6. 北仑区不良行为青少年"阳光观护"项目
第四届	8	1. 筑梦星辰,因爱成海——孤独症家庭支持志愿服务公益项目 2. 耳涡——盲人无障碍电影公益平台 3. "海岛萤火虫"——助力特殊未成年群体成长志愿服务项目 4. "凉山不凉,支教暖情"——浙江大学研究生支教团志愿服务项目 5. 葵园·城市流动未成年人临时庇护综合社会治理项目 6. "若爱同,共筑梦"——关爱偏远山区空巢、高龄老人项目 7. "点亮玉树" 8. 码上公益平台

表 4-4 四届中国青年志愿服务项目大赛中浙江省参赛项目获银奖情况

届别	银奖数量	银奖项目名称
第一届	14	1. 绍兴市"骆大师爷"全国残疾人精英创业与培训基地志愿助残创业工程 2. 杭州市"残健共融谱新篇,同心共筑中国梦"残疾人无障碍视听体验基地项目 3. 杭州市网络反欺诈志愿服务队阿里巴巴"鉴黄师"助残项目 4. 宁波市海曙区志愿者协会"微呼百应"圆梦行动志愿服务项目 5. 温州市鹿城区志愿者协会小候鸟圆梦项目 6. 浙江省丽水市莲都区志愿者协会"小荷"爱心公益营养餐项目 7. 绍兴市《绍兴晚报》读者助学项目 8. 宁波市江北区"每月5帮您"志愿服务广场活动 9. 金华市"护水哨兵"志愿服务行动环境保护 10. 宁波市宁海县象山港海洋保护项目 11. 温州市壹加壹社区服务中心、苍南县壹加壹水环境公益项目 12. 杭州市卫生志愿服务总队"健康使者"志愿服务项目 13. 温州市志愿者协会温州幸福志愿站项目 14. 杭州市西湖区志愿者工作指导中心公益资本相亲项目
第二届	18	1. 杭州电子科技大学管理学院青年志愿者协会爱·跨越心灵障碍 2. 桐乡市志愿者协会"指尖创业"电商助残项目 3. 绍兴市委市志愿者协会"彩虹桥——追梦人"阳光助残项目 4. "自强"志愿者服务总队杭州市残疾人回馈社会"自强"志愿服务项目 5. 浙江工业大学之江学院团委"花儿行动"助力残障儿童圆梦 6. 杭州滴水公益服务中心彩虹盒子助学项目 7. 安利志愿者分会安利阳光假日小屋湖州站

续 表

届别	银奖数量	银奖项目名称
		8.浙江省舟山市岱山县志愿者协会"关爱流动花朵我们在行动"
		9.浙江传媒学院"移动三脚架"志愿服务队影像传播文艺志愿服务活动
		10.杭州市上城区清波街道劳动路社区张能庆公益服务站银丝坊公益理发店项目
		11.舟山市志愿者协会团体会员单位舟山市红十字会舟山群岛渔农民流动医院
		12.杭州青年公益社会组织服务中心"益·Life"公益慈善商店
		13.湖州公益联盟"你有梦想,我有行动"公益项目
		14.浙江省钱塘江管理局、浙江省绿色科技文化促进会"同一条钱塘江"志愿服务项目
		15.浙江水利水电学院团委"水·利·我"大学生志愿者节水护水志愿行动计划
		16.浙江理工大学材纺学院团委丝绸文化讲解志愿服务队
		17.杭州师范大学阿里巴巴商学院"诚信"网络志愿服务项目
		18.浙江省公羊会公益救援促进会"救灾身边"城市应急救援
第三届	21	1.有爱无碍,情满杭城——无障碍地图项目
		2.我是你的眼——中国计量大学小橘灯助残服务项目
		3.医路同行,急诊陪护365
		4.一双红舞鞋关爱民工子女志愿服务项目
		5.快乐直通车——哥哥姐姐农村志愿服务
		6."青春变奏曲"生命教育项目
		7."爱撒无声"言语康复志愿服务
		8.蚂不停蹄,蚁爱足行——蚂蚁助学项目
		9.37度生命支持——温州地区PTHC健康促进志愿服务项目
		10.环保从头开始——温州市推动企业家参与环境保护公益项目

续　表

届别	银奖数量	银奖项目名称
		11."粉红色的保护伞"心智障碍者性教育与自我保护项目
		12.老人与海——关爱海岛留守老人公益项目
		13."爸妈，我们回家"
		14.做生命消逝的看客——急救知识推广公益项目
		15.最忆杭州——微笑，让城市更温暖——微笑亭志愿服务项目
		16."成就青年志愿"梦想家青年志愿服务组织孵化项目
		17."爱在善医"365 志愿服务
		18.指尖上的移动调解室——"小娘舅握握团"法律志愿服务项目
		19.绿色天使在行动——小学生环境教育项目
		20."亲青调解室"青少年纠纷调解志愿服务
		21.乡村少年创客——留守儿童创新素质培养项目
第四届	21	1."把心捂热"植物人及其家属关怀项目
		2."携手同心，耀在一起"特殊奥林匹克融合项目
		3."同在一片蓝天下"阳光助残服务
		4."让爱发声"橙色同伴课堂
		5."阳光鹊桥"残障青年婚恋平台
		6."健康家园"流动生命科普馆
		7."指尖爱"乡村空巢人随手拍志愿服务项目
		8."爱心面包"微公益项目
		9."医带医路"医疗公益服务项目
		10.37℃的温暖——白血病儿童关爱项目
		11."超女来了"关爱女性公益医疗项目
		12."海思"公益唤醒失落海岛青年文创服务计划
		13."电娃课堂"清洁能源普及推广项目
		14.湖州公安"萌警团"安防志愿服务项目
		15."义导情·牵杭城"杭州旅游文化宣传志愿服务项目
		16."一卷八段锦　百年健康梦"弘扬中医药非遗文化志愿服务项目

届别	银奖数量	银奖项目名称
		17. 志群——中国第一部民间志愿者口述史
		18. 浙江工业大学教科学院"暖流计划"校园无偿献血志愿服务项目
		19. 问家长里短，护邻里平安——"武林大妈"志愿者打造居民自治金品牌
		20. 单车猎人
		21. 心灵海豚湾——公益热线

第五章

浙江省志愿服务创新发展的
实践特色

"志愿汇"平台数据显示,截至 2019 年底,浙江省注册志愿者总数已达 1565 万人,占全省人口的 1/4,位列全国第一,志愿服务组织 723 个,各类志愿服务队伍 4.99 万支,社区志愿服务站点 5024 个。

第一节　浙江省志愿服务的实践与探索

近年来,浙江省志愿服务发展迅猛,积极参与社会治理和社会服务,在以下几个主要领域积极探索,并发挥了积极有效的作用。

一、围绕党委政府中心工作的领域

在"八八战略"的指引下,浙江省志愿服务工作始终主动融入省委、省政府中心工作,发挥积极作用。

开展助推"最多跑一次"改革志愿服务行动,共组织 4.9 万名"跑小青"志愿者在全省 478 个行政服务中心(便民服务站),以改革宣传、服务引导、疑难解答、意见收集、业务代办等形式,服务群众 26.3 万余人次,服务时长约 23 万小时,征集并向各级跑改办反馈 4000 余条有效意见建议。

开展助力"五水共治"志愿服务行动,招募 40 余万名"河小二"志愿者,在全省 58 个县控及以上劣 V 类断面开展"'河小二'跟着河长去巡河"、集中护水日等各级各类活动 6 万余场,参与活动的志愿者超百万人次。积极开展新冠疫情防控志愿服务工作,以物资供给、医疗救治、交通运输、卡点检测、网格排查、入户宣传、心理援助、助力复工复产、服务援鄂医疗队员及家属等服务形式,筑牢安全防线。截至 2019 年 2 月底,全省共发起志愿服务活动 21708 场,参与活动的志愿者 104627 人,累计参与人次 1145846 人次,服务时长 553.7 万小时;常态化开展助力"平安浙江""垃圾分类"等志愿服务行动,在各项中心工作中充分发挥志愿者作用。

二、大型赛会志愿服务的领域

各志愿组织高质量完成了 G20 杭州峰会、世界互联网大会、全国学生运动会、世界浙商大会、世界油商大会、金砖国家部长级会议、中国科协年会、首届联合国世界地理信息大会等多项大型赛会志愿服务工作,累计组织动员 30000 多名志愿者协助浙江省各类大型赛会顺利举办,对外展示了浙江志愿者的精神风貌。如 2016 年的 G20 杭州峰会,招募 4021 名"小青荷",为各国元首、嘉宾提供了宾至如归般的高质量服务,获得多个国家元首、政要的感谢信及点赞。从 2014 年开始,每年为世界互联网大会提供 10 类岗位的专业志愿服务,已累计招募 6000 多名志愿者参与,打造了"小梧桐"这一金名片。2018 年招募了 760 位首届联合国世界地理信息大会志愿者,服务于会场、注册报到、接送站、新闻中心、酒店、医疗、展览、安保、重要嘉宾一对一等众多岗位,以一流的服务质量、最饱满的精神状态,让"德德"和"清清"成为浙江志愿者又一响亮的头衔和名片。

三、社会民生志愿服务领域

浙江省志愿服务工作将群众所想、所需、所急作为重要出发点，特别关注困难群众，通过志愿服务雪中送炭、传递温暖。广泛开展党员志愿服务、邻里守望志愿服务等以社区和行政村为重心的基层志愿服务活动；建立"亲青帮"线上关爱维权平台，为青少年提供预防违法犯罪和法律援助等服务，2236 名律师、心理咨询师和社工等专家注册成为志愿者入驻平台，已为 66208 名青少年提供了引导、咨询和帮助；开展西部计划志愿服务行动，引导和支持浙江省大学生前往西藏、新疆、青海等西部地区和省内山区、海岛、边远地区支教、支农、支医，共招募大学生志愿者 4113 名，年均续签留任率达 40％以上；积极开展关爱农村留守儿童、服务春运"暖冬行动"、无偿献血、阳光助残、文明停放共享单车等志愿服务，取得良好的社会效果。

第二节　浙江省志愿服务的制度化探索与实践

一、志愿服务法治化发展沿革

2002 年 11 月宁波市颁布了《宁波市青年志愿服务条例》，成为浙江省首个制定志愿服务法规的地市（2012 年 3 月该市《宁波市志愿服务条例》颁布，同时《宁波市青年志愿服务条例》废止）。2003 年，《杭州市志愿服务条例》颁布实施。经过十多年的实践探索，浙江省志愿服务工作开始逐步朝着规范化、制度化、法制化的方向迈进。《浙江省志愿服务条例》于 2007 年 11 月 23 日经省十届人大常委会第三十五次会议通过,并于 2008 年 3 月 5 日颁布实施,标志着浙江省志愿服务事业开始走上法制化的发展轨道。2014 年以来,又制订了《浙江省志愿服务事业发展纲要(2014—2017 年)》《浙江省注册志愿者管理办法》《浙江省志愿服务工作委员会工作制度》等一系列规章制度文件,志愿服务的规范化水平有了大幅提高。随着经济社会的变化,现行条例在志愿服务管理体制、保障和激励措施等方面已不十分适应新时期志愿服务事业的发展。全省 11 个地市的各级各类志愿服务组织也积极参与立法和修订活动,广大志愿者积极建言献策,使志愿服务法律更加适合中国国情,更加具有浙江地方特色,更加适应服务需求,更加具有规范作用。新修订的《浙江省志愿服务条例》于 2018 年 9 月 1 日开始实行,新修订的条例将社会主义核心价值观融入法治浙江建设的重要成果,是以制度化促进志愿服务规范化、经常化、持久化的重要保障。

二、志愿服务制度建设系统化

志愿组织面临的人群需求、服务动机、活动状况日趋增多,迫切需要"志愿服务标准""志愿服务指引""志愿服务措施""志愿服务规则"等细则性的制度,促进志愿服务健康规范发展。首先,各级党委和政府制定的关于志愿服务发展的政策措施,是促进志愿服务繁荣,建设人民美好生活的重要制度。其次,各地探索建立了社会招募与组织招募相结合、广泛宣传与重点发动相结合的多层次多方位招募机制,各级党委、民政、妇联、共青团、残联等单位和部门也充分整合本系统资源,分别组建了社区志愿者、巾帼志愿者、青年志愿者、助残志愿者等志愿服务队伍。再次,各地均积极贯彻落实志愿者注册管理制度,探索建立志愿服务星级认证制度、服务绩效评价制度、评优评先表彰奖励制度等一系列激励机制,有效激励了社会各界人士参与志愿服务。截至 2018 年 6 月,浙江省共有注册志愿者 1271.3 万人,累计开展志愿服务活动 30.52 万场,累计志愿服务时长 7451 万小时,制度建设为浙江省志愿服务事业发展提供了有力的法治保障。目前,浙江省各市县(区)镇(街道)都已经陆续出台不同层次、不同类型的志愿服务发展规章制度,将志愿服务纳入地方经济发展规划,提供专门的编制支持和财政支持,构建起全方位、系统化的志愿服务政策制度体系。

三、地方特色志愿服务制度常态化

浙江省推广和完善"志愿浙江",融入志愿服务供需对接,加强对志愿服务各项工作的日常化管理,还加强激励表彰体系建设,完善星级志愿者认证制度、志愿服务组织综合评价体系,引入社会评价机制,在全社会形成"人人争当志愿者、人人关爱志愿者"的生动局面。此外,还建立了省级培训师资库,强化培训师资队伍建设。以政府财政支持、社会捐赠、企业资助等多种方式,改善志愿服务工作保障条件,推进为志愿者购买人身伤害保险制度化。

杭州通过出台《杭州市志愿服务条例》、组建志愿者工作指导中心、成立志愿服务工作委员会等一系列体制机制创新措施,积极推动"三型四化四有"志愿服务制度常态化落地,有效推动志愿服务工作走在全省全国前列。宁波市着力在推进志愿服务制度化、常态化上下功夫，尤其是在志愿服务社会供需对接制度化方面进行了有益探索。温州市以城乡新型社区为突破口，以组织创新为核心，以项目管理为重点，以队伍建设为保障，以机制建设为动力，有效实现了志愿服务的组织、项目、阵地的有机结合。嘉兴市组织和发动党员志愿者参与社区志愿服务，构建起了网状、立体、长效的党员志愿服务体系。台州市依托"四网融合"扎实推进志愿服务制度化建设。浙江省各地市把志愿服务融入国民教育、社会生活、精神文明建设，作为青少年德育、文明创建的重要内容，体现在市民公约、乡规民约、行业规范之中，形成弘扬志愿精神的生活情景和社会氛围。

四、志愿服务激励的信用体系制度化

自 2014 年国务院印发《社会信用体系建设规划纲要（2014—2020 年）》以来，各领域、各行业掀起了全面推进诚信社会建设工作，青年人的信用建设关系着我国未来社会的公信力，也决定了我国社会事业的良性运行。2016 年，浙江省被确定为全国首批青年信用体系建设试点省份，立足于浙江良好的社会经济发展环境和互联网之都的优越条件，以青年信用体系建设为牵引，浙江省推动浙江志愿服务信息化建设，首创性提出涵盖 2 个一级指标、5 个二级指标、20 个三级指标的青年信用指标体系，以志愿服务、公益慈善、网络文明行为为三大数据采集项目进行先期突破口，与"志愿汇""亲青筹""网络文明管理"三大信息平台进行端口与数据的联通共享，并专门设计搭建浙江青年信用信息平台，形成青年信用的数据清单,实现信用数据的归集、管理和应用。

同时,积极探索将志愿服务信息转化为信用评价的模型,形成配套的政策支撑,出台了全国首个《青年守信联合激励实施意见》,提出涵盖教育服务和管理、就业和创新创业服务、社会保障服务、金融综合服务以及其他服务 5 大类共 21 条激励措施,并将青年信用体系建设列入《浙江省社会信用体系建设"十三五"规划》,促进青年信用建设的社会融合机制形成,并以各类宣传文化活动的开展,树立激励诚信的鲜明导向,按照《青年守信联合激励实施意见》,以及注册志愿者管理办法和时数记录制度认定志愿者等级,每年对外发布守信联合激励红名单,帮助青年积累优良的信用资本,提供多场景的信用激励和精准服务,让青年群体拥有更多的获得感、荣誉感,促进广大青年树立诚信意识、养成守信习惯,让诚信成为浙江青年的思想自觉和行动自觉。

第三节　浙江省志愿服务的项目化探索与实践

随着 2016 年开始的浙江省志愿服务项目大赛每年一次的有序推进,项目化运作已经成为浙江省志愿服务的常态。目前全省各地通过完善机制、培育组织、搭建平台、整合资源,把项目化运作贯穿志愿服务工作各个方面、融入各个环节,以此来提升志愿服务的社会绩效,回应社会多样化需求。项目化运作已成为社会治理和社会和谐发展的重要手段。

一、完善机制以确保项目实施

首先,建立项目统筹机制。以四届大赛中培育的优秀志愿服务项目为示范,统筹引导全省各地志愿服务组织,开展在助老助残、恤病助医、社会治理、环境保护与垃圾分类、禁毒教育与法律服务、应急救援、文化宣传与理论研究等领域的志愿服务活动,成功打造了"小青荷""微笑亭""武林大妈""红日亭"等知名志愿服务品牌。其次,细化项目推进机制。省级层面,利用项目大赛的网上直播功能和历届浙江省志愿服务项目大赛成果转化(优秀志愿服务项目汇编成册)功能,在全省范围进行的示范带动;同时推动开展G20杭州峰会、世界互联网大会、全国学生运动会、世界浙商大会、世界油商大会等大型赛会服务及在职党员进社区等大型志愿服务项目。市级层面,着眼常态长效,主动融入党委、政府中心工作,开展助推"最多跑一次"改革志愿服务、助力"五水共治"志愿服务、助力"平安浙江""垃圾分类"等志愿服务项目等。社会层面,结合自身优势,以群众所想、所需、所急作为重要出发点,特别关注困难群众,广泛开展党员志愿服务、邻里守望志愿服务等以社区和行政村为重心的基层志愿服务活动;开展关爱农村留守儿童、服务春运"暖冬行动"、无偿献血、阳光助残、文明停放共享单车等一系列接地气、覆盖广的志愿服务项目,并取得了良好的社会效果。

二、抓组织建设提升服务项目

浙江省出台《支持和发展志愿服务组织的实施意见》,从组织的培育、管理、服务等方面入手,激发各类志愿服务组织活力,着力提升项目实施能力。一是建队伍。志愿者注册是加强志愿者队伍建设的重要基础和起始环节,要发挥有关部门职能作用和专业优势,积极推进并规范志愿者实名注册工作;同时成立一批龙头型志愿服务团队,开展一系列专业服务项目。二是抓孵化。目前,全省各级各类社会组织孵化基地普遍吸纳志愿服务组织进驻,促进志愿服务项目的有效、规范实施。三是强素质。加强省级志愿服务培训示范基地建设,并引导各地分阶段、分层次对志愿者进行培训。

三、搭建平台服务项目

2017 年底,在省民政厅与团省委的共同努力下,浙江省志愿汇系统向中国志愿服务系统成功导入志愿者数据 915 万条,目前在中国志愿服务信息系统注册的浙江志愿者已有 1330 多万人。下一步要鼓励志愿者利用信息化手段,在系统中参与自己感兴趣的志愿服务组织和项目,记录、转移、接续自己的志愿服务时间,发动志愿服务组织应用该系统发布项目、招募管理志愿者、开展服务,实现供需有效对接。利用大数据智能分析、匹配各种志愿服务信息,实现项目运行自动审核和流转,将各阶段状况实时动态呈现,有效规范志愿服务项目管理。

四、抓资源整合支持项目

注重整合政策、大赛等各种资源力量,支持志愿服务项目发展。省政府出台文件支持志愿服务组织承接扶贫、济困、扶老、救孤等领域志愿服务,同等条件下优先向志愿服务组织购买服务。

以省志愿服务项目大赛为平台,挖掘更多优秀的志愿服务项目。经过几年大赛的磨炼,全省志愿项目服务的精准度提高了,已经从原先的大群体、大帮扶和大活动进化为针对某一特殊群体特殊需求的服务,而且许多项目在同一领域深耕多年,已形成常态化的专业志愿服务;同时,大赛以项目为纽带,将志愿服务的提供方、需求方、支持方、参与方汇聚一起。目前全省社会组织参赛比例已达44%,大赛共培育优秀志愿服务项目339个。每年大赛培训不少于200名志愿者骨干,通过骨干抓项目提升。由此,实现了各市、各系统志愿服务项目全覆盖,有效推动志愿服务项目化运作。

第四节　浙江省志愿服务的标准化探索与实践

浙江省在全国率先推出赛会志愿服务标准化制度。志愿服务标准化作为一项有效的技术手段,对组织化运作程度很高的大型赛会而言,能起到规范、简化、统一、协调的作用,提高服务效率和稳定性,促使赛会志愿服务规范有序发展。近年来,随着浙江陆续承接国家级和世界级大赛和会议,赛会志愿服务蓬勃发展,服务日益规范和成熟,服务模式逐渐形成,赛会志愿服务已经具备了向标准化转化的扎实基础。以G20杭州峰会为切入点,浙江赛会志愿服务标准化真正走入大众视野。纵观浙江赛会志愿服务历程,按标准化发展可分成三个阶段。

一、第一阶段:标准化探索期

以国内比赛、会议或活动为主,如西博会、动漫节、第八届残疾人运动会、世界浙商大会等,志愿服务大多是借鉴奥运会、亚运会等大赛志愿服务经验,并在此基础上进行运作,日渐形成大型赛会志愿服务模式的雏形。

二、第二阶段:标准化建设期

2016 年随着杭州 G20 峰会"小青荷"的完美谢幕,杭州及时总结赛会工作经验,融合国际志愿服务经验和中国、浙江、杭州本土特色,于 2016 年底通过市质监局发布了《大型赛会志愿服务岗位规范》,内容涵盖注册制证、抵离迎送、礼宾接待、赛会现场、文艺活动、媒体宣传、交通出行、安全保卫和后勤保障等 10 部分的杭州版标准,该版本构建了高水平国际大型会议志愿服务体系,目前是全国首个志愿服务地方标准。2017 年 10 月还启动建设省级《大型赛会志愿服务岗位规范》的地方标准。志愿服务标准化的初次探索,标志着浙江志愿服务迈出了标准化的第一步,以后浙江的大型赛会就有了可遵循的标准,也为 2022 年亚运会等大型赛会志愿服务提供参考借鉴的模板。

三、第三阶段:进入标准化应用期

在杭州后 G20 峰会时期,聚焦世界互联网大会、世界油商大会、2018 年 FINA 世界游泳锦标赛、2018 年首届联合国世界地理信息大会等,以赛会志愿服务标准为规范,数十万名志愿者提供了多形式高质量的志愿服务,"小青荷""小梧桐""小爱特"等向世人展示了浙江志愿者的风采,传递中国最美"名片"。

　　为进一步打造赛会志愿服务标准化的浙江样板,浙江的政府、共青团、研究机构等多方进行着共同努力和推动。浙江省作为全国第一个标准化综合改革试点省,为进一步推广和优化赛会志愿标准化提供了稳健的制度保障;共青团浙江省委联合省质监局推进大型赛会志愿服务省级标准制定,为各类大型赛会志愿服务形成浙江经验;共青团中央在杭州挂牌成立的"中国青年志愿者赛会服务研究培训基地",为标准的进一步优化提供了强有力的研究基础;浙江以良好的国际形象和较强的综合实力承接了大量国际赛事,为进一步推广和优化赛会志愿标准化提供了丰富的实践平台。

第五节　浙江省志愿服务的信息化探索与实践

　　信息化时代的到来,不可避免地倒逼我们转变思维模式和行为方式,主动适应、充分参与这一过程,来顺应时代潮流的发展。因此,互联网时代下的志愿服务,必须通过信息化的构建、大数据的应用来对志愿服务管理进行现代化升级。早在 2014 年,在民政部等部门发布《志愿服务信息系统基本规范》以前,共青团浙江省委就开始尝试建设浙江省志愿服务网络平台"志愿浙江",积极探索志愿服务信息化建设的浙江方案。2016 年,该工作因青年信用体系试点而产生了飞跃性发展,将杭州"志愿汇"平台作为志愿服务信息化建设的标准样板在全省推广使用,在不到一年时间里,完成了对 11 个地市志愿服务信息管理的全覆盖,在志愿服务时数采集、功能作用、数据共享交换、信息安全等重要方面实现了操作标准的统一化,包括对志愿服务等社会组织平台的入驻、项目供需对接管理等,并在 GPS+电子围栏、数据的实名验证(与公安系统交互数据)等技术方面进行优化升级,将志愿服务功能嵌入在支付宝、微信的"城市服务"等板块,并成为"芝麻信用"的数据源,以及"信用浙江"个人信息的数据来源。

这是一个包含了一库三平台和多终端的综合系统,依托互联网手段,具有在线注册、招募、活动计时、权益兑换等志愿服务功能。如今,志愿者可以通过志愿汇 APP 和支付宝、微信公益窗找到适合的项目和组织,志愿服务组织也可在平台上发布活动,招募到合适的志愿者。此外,志愿者凭借"志愿汇"平台上记录的服务时长,可享受不少"福利",如目前已在杭州滨江区试行的积分入户和外来随迁子女积分升学政策、部分公立医院的志愿者积分换免费体检政策等。

信息化潮流既代表着新技术手段的不断革新,也代表着大众生活与时尚的发展转型。在浙江,仅凭一个手机,或者一张市民卡就可以实现随手公益,大大增添了志愿服务的时尚元素,而基于志愿服务大数据衍生出的包括信用资本在内的多重价值,也无疑激发了志愿服务的活力,必将把浙江志愿服务事业推向一个新的高地。

第六章

对浙江省志愿服务创新实践
的若干反思

回望浙江志愿服务发展进程,其始终走在全国志愿服务发展方阵的前列,始终与浙江经济、社会、人民生活发展相协调,在推动新时代社会治理发展的过程中,不断以高水平的服务供给回应人们的基本需求,弥补政府、市场保障的不足。但也应客观地看到,浙江志愿服务尚处于规范化发展阶段,在深度参与社会治理中还存在一些不足,需要在实践中进一步深化完善。

第一节　浙江省志愿服务创新实践中的不足

一、省志愿服务项目大赛的不足

省级项目大赛举办的初衷是回应全国青年志愿服务项目大赛,打造全省志愿服务综合平台,提升全省志愿服务水平。梳理四年的项目大赛历程,发现存在以下不足。一是深入合作和资源配置不够,主要体现在举办方组织少,仅仅限于共青团和志愿者协会;社会合作和资金对接不够,每年大赛只有浙江省青基会和个位数爱心企业参与,签约项目仅十几个左右,项目对接资金也在10万以下。二是交流功能体现不够,历届大赛的重心侧重于通过比赛角逐出优秀的志愿服务项目参加全国大赛,而对志愿服务前沿思想、项目品牌推广、文化交流的关注相对比较少,除项目展示和案例汇集外,志愿服务理论研究、志愿文化展示等交流活动欠缺。这些直接影响大赛功能的全面有效发挥。

二、志愿服务的自愿理念不够

各级政府部门在开展志愿服务时,存在两种错误的理念:一是将志愿服务看成是职能部门的相关工作,从工作视角开展志愿服务,对志愿者招募基本采用自上而下的政治动员方式,这难以发挥志愿服务的主动性,也难以保持志愿服务的可持续性;二是将志愿服务看成是一种活动,不从事业角度对待志愿服务,忽视志愿服务的组织化运行和项目化管理,这很难让志愿服务在社会治理中发挥积极作用。

三、志愿服务的需求和供给匹配度欠佳

一是开展以需求为服务导向的志愿服务不够均衡全面,需求与供给之间有落差,大型赛会志愿服务卓有成效,但社区志愿服务有点欠缺,不能较好地满足城乡社区居民对美好生活向往的需求。同时,在志愿服务项目的需求调研、设计、执行和评估等环节尚未形成明确的需求目标和要求,部分服务存在形式化、面子化的倾向。二是不能较好地弥补政府和市场服务的不足,多数志愿服务往往以人们多样化需求为服务目标,而较少考量与政府公共服务和市场化服务之间的差异,与服务精准的个性化志愿服务目标仍有一定的差距,这些都直接影响志愿服务的公益本质。

四、志愿服务制度设计不够健全

一是根据《浙江省志愿服务条例》修改完善了志愿服务管理体制，但志愿服务工作委员会工作机制尚不太明朗，尤其在协调统筹志愿服务各条线及进行共建共享方面不够清晰。

二是志愿服务类的政府购买标准化不足，目前尚未形成清晰的购买标准化体系，服务需求、成本核算、项目督导以及服务质量评估等环节存在量化难题，操作随意性大；政府购买承接的主体准入门槛过高，明确要求是经登记注册且有健全内部治理制度的两年年检合格的志愿服务组织，而对于大多数处于初创期急需项目扶持的志愿组织而言，则无资格申请服务项目；项目稳定性不够，大部分政府购买服务的项目一般是以一年为周期，每年申请的项目内容都会变化，直接导致项目专业化的中断，制约志愿服务的专业化发展；项目经费的结构和拨付方式不尽合理，经费仅包括服务费用，而不含办公经费和人员的岗位经费，经费拨付也不及时，极易降低项目服务的质量，丧失志愿服务的公益本质。

三是志愿服务的专业化欠缺，社工与志愿者专业联动尚未形成，也没有专业领域的人才扶持和评价等相关制度保证，目前志愿服务从业人员素质普遍偏低，志愿者领袖极少，以兼职人员为主，且人员流失严重，造成部分志愿项目的低水平重复。

四是政府在引领志愿组织方面制度和力量匮乏，以宏观倡导性制度为主，微观操作制度少，鼓励性的条文多，保障性的条文少，如提出政府、企业、基金要支持志愿服务组织，但没有明确支持资金和资源的比例等；同时，目前各级政府大多着眼于志愿组织的入驻、注册等最基本的孵化培育,而在真正让志愿组织发展起来,促进自我造血功能形成的资金和配套的扶持上有待加强。

五是志愿服务激励政策实施的强度不够,团省委出台《浙江省青年守信联合激励措施的实施意见》,其中有不少人性化政策,如在教育服务方面,对于家庭困难的星级大中学生志愿者,教育部门将优先给予助学金支持,或酌情发放一定数量的生活费补助;在社会保障服务方面,优秀志愿者在为其直系亲属申办入住养老机构时给予优先;针对自主创业的优秀志愿者,同等条件下优先获得创业培训、金融扶持、孵化器入驻等专业服务策等,但只有小部分地区在选择性执行,而大多数地方的实施情况仅仅停留在文件纸面上的探索。

第二节　浙江省志愿服务创新发展的思考

立足现状,如何更好地让浙江志愿服务实践实现更高水平的制度化、项目化、专业化和信息化发展,如何深度参与新时代社会治理,本书提出以下几点建议。

一、优化省级志愿服务项目大赛,打造平台

优化升级志愿服务项目大赛,真正打造一个集项目展示、资源配置、组织合作和文化交流于一体的全省志愿服务综合平台。

要在四年大赛经验的基础上,加强深度合作。首先可以扩大主办单位的范围,除共青团省委外,可以和文明办、民政厅、水利

厅、省卫健委、省残联和其他在志愿服务领域有特色的地市政府共同举办,这样,省级志愿大赛就不仅仅停留在组织合作上,更能够与政府在政策上有进一步深度合作的空间,使全省志愿服务环境更好、氛围更加浓厚。

其次,可以通过大赛组委会和各级赛会单位积极向社会公开征集项目合作伙伴,以招商发布、资源推介、共建共享等方式促进社会合作,促进资金对接,有效缓解志愿组织发展中资金短缺的困境。

再次,可以创新大赛主题和形式,每年的大赛主题必须紧紧围绕新时代社会发展和人民群众对美好生活的需求这一定位,大赛的形式可以在比赛和项目汇编等基础上,逐渐增加优秀项目分享会、品牌项目展示会、志愿文化产品推广会和志愿学术交流会等交流环节,这不仅能有效增进志愿思想的碰撞与交流,而且能较全面地发挥大赛的功能,使之真正成为全省志愿服务示范性综合平台,促进志愿服务整体水平的提高。

二、立足自愿性,引导建立自下而上的志愿服务参与社会治理的新格局

一是要明确志愿服务以本土化、参与式的社区服务为主,引导志愿者及志愿组织自下而上地自觉参与志愿服务活动,形成志愿服务的主动性和可持续性。二是政府要通过完善政策、优化环境,促进社区社会组织和志愿服务组织的建设;以社会组织及志愿组织孵化培育为载体,推动组织化运行、项目化管理,促进志愿服务的长效保障。三是优化社区志愿服务的人才体系和工作机

制,完善三社联动机制,使志愿服务更加专业和规范,进一步促进志愿服务的社区化、精细化、常态化,推动在社区层面构建"党委领导、政府负责、社会协同、公众参与、法治保障"的社会治理创新格局。

三、以需求和供给为导向,落实多元融合的服务体系

首先,要梳理志愿服务与公共服务、市场服务之间的需求差异,明确志愿服务的需求重点,使社会各服务系统有机融合,共建现代社会服务生态体系;其次,重点要落在促进服务落地上,务实解决人民群众多样化需求,优化服务供给方与受众的链接渠道,满足少数人的差异化需求,提供更精准的个性化服务,实现服务的最优化配置。

四、以规范管理为目标,健全志愿服务管理体制

第一,要进一步推进志愿服务党建工作,破解党建工作中遭遇的重点难点,坚持党的领导和志愿服务规范发展相统一、党的工作与志愿组织发展有效融合,促使党建工作制度与志愿服务实际切实结合,以夯实党在志愿组织中的基础作用,充分发挥党组织在志愿服务中的战斗堡垒作用和党员的先锋模范作用。

第二,要形成适应社会治理的行政管理模式,完善志愿服务工作机制。根据《浙江省志愿服务条例》,各职能部门统筹整合自身优势,出台相应政策措施,建立志愿服务工作联系制度,强化各条线上部门的资源整合,以避免多头分散的管理弊端,以推进完整的志愿服务政府共治共管体系。

五、以问题为导向，完善志愿服务制度体系

针对目前的制度缺陷，逐渐构建完整的志愿服务制度体系。第一，要优化顶层制度设计，各级政府要将志愿服务放在推进社会治理现代化战略体系的高度上考量，让志愿服务成为社会治理的重要载体和力量。

第二，要提高志愿服务在政府购买服务中比例，建立购买标准化体系，建立符合志愿服务的项目执行办法，完善项目定价和资金管理机制，建立考核评估和问责机制，以确保志愿服务政府购买的有效性。

第三，要出台志愿服务人才队伍建设等方面的相关制度措施，形成社工与志工联动机制，建立志愿人才培养学院和志愿人才评价体系，以提升志愿者专业能力。同时，继续秉承浙江志愿服务多年的发展实践经验，以项目专业化带动组织和队伍的专业化，继续发挥先导优势，将浙江其他志愿服务领域已经积累多年的成功经验转化为行业标准，以标准化建设继续引领志愿服务的专业化发展。

第四，要进一步加强志愿服务组织的培育。除根据相关条例进一步推进志愿服务组织依法登记和身份识别工作外，还要会同其他综合部门在政策指导、孵化培育、人才培育、项目资助和平台搭建等方面积极引导志愿组织，以提升其能力、发挥其作用。对服务于精准扶贫的志愿组织应制定适当的倾斜政策，以期志愿组织在全面建成小康社会决胜期做出应有贡献。

第五，要继续加大志愿服务激励回馈制度的执行力度。一方

面再加大现有政策的实施力度,另一方面在浙江青年守信联合激励措施的基础上,探索与社会信用体系建设有效结合,并覆盖整个社会群体的志愿服务激励政策,有效维护志愿者基本权利和利益,激发志愿服务的原动力。

六、以传播宣传为途径,孕育具有浙江特色的志愿服务文化

要加强志愿服务的宣传,以实现志愿文化的全民普及。在文化制度建设中,应一方面重塑志愿理念,促进形成全社会的志愿文化自觉,形成共享共治的氛围;另一方面加强志愿成果转化,总结浙江经验和模式,研究志愿服务理论,开发志愿文创产品品牌,引导志愿服务实践,提升志愿服务的影响力。

附件一

关于举办 2019 年浙江省青年志愿
服务项目大赛的通知

各市、县(市、区)团委、志愿者协会,各高校团委、青年志愿者协会,各省属企业团委,省直机关团工委,省志愿者协会各专委会:

为深入贯彻落实党的十九大精神,引导志愿服务组织和广大志愿者在新中国成立 70 周年、五四运动 100 周年之际,为奋力推进"两个高水平"浙江建设做出更大贡献,大力挖掘、扶持、宣传我省志愿服务优秀项目,不断推动志愿服务项目化、常态化、品牌化发展,为中国青年志愿服务项目大赛做好培育推介工作,经研究,决定举办 2019 年浙江省青年志愿服务项目大赛。

一、活动主题

青春志愿行　奉献新时代

二、活动时间

2019 年 4—6 月

三、主办承办单位

主办单位:共青团浙江省委、浙江省志愿者协会。
承办单位:浙江省团校。

四、组织机构

本次大赛设立组委会和评委会。

(一)组委会

由主办和承办单位有关领导担任组委会主任、副主任,相关处室负责人担任组委会成员,负责整个大赛的组织领导、宏观决策、统筹协调和督促落实。由省卫健委团委负责成立恤病助医专项赛组委会。

(二)评委会

由组委会成员和专家评委共同组成,负责制定评审标准、组建专业评审团、开展项目评审等工作。由省卫健委团委成立恤病助医专项赛评委会。

各地可根据实际,成立相应的组委会和评委会,负责本地本系统大赛的组织开展、项目评审、资源统筹、交流推介以及监督管理等工作。

五、项目申报范围

志愿服务项目申报类别具体分为助老助残、恤病助医、改革攻坚、社会治理、环境保护与垃圾分类、禁毒教育与法律服务、应急救援、文化宣传与理论研究、其他领域 9 个大类。鼓励"最多跑一次""新时代文明实践中心试点""脱贫攻坚"等改革攻坚类志愿服务项目,"社区志愿服务""关爱农村留守儿童、服刑人员子女"等社会治理类志愿服务项目重点申报。

六、具体安排

(一)项目征集(2019 年 5 月上旬)

项目申报主体为各市团委、各高校团委。社会组织也可自行申报。其中要求各市、县(市、区)团委,各高校团委在推报前,须举办本级志愿服务项目大赛,确保推报质量,征集项目数量不限。要求 5 月 10 日前将推报进入省赛的项目大赛申报表,以及每个项目 5 分钟时长的路演视频,统一上报至指定电子邮箱,其中,恤病助医类项目统一上报至指定电子邮箱。同时请各市团委、各高校团委将举办项目大赛的文字、现场图片信息一并报送,获历届国赛金银奖和省赛金奖的项目原则上不再申报参加本次大赛。

(二)项目初审(2019 年 5 月中旬)

根据评审办法,大赛评委会将组织专家对上报的项目大赛书面和视频材料进行初审,择优选取 100 个左右项目进入复赛,并对项目按照类别进行分组分类。

(三)项目展示(2019 年 5 月下旬)

对于进入复赛的项目,将通过"亲青帮"平台等新媒体进行宣传,在网络平台上进行集中报道、展播展示,扩大社会影响,形成良好氛围。

(四)培训、复赛、决赛(2019 年 6 月 12 日—14 日)

安排三天议程:第一天上午报到,下午进行大赛赛前培训,晚上分组抽签并熟悉场地;第二天上午分组进行复赛(比赛规则为5 分钟路演答辩＋专家提问),中午评委会公布决赛入围名单共30 个,其他项目为铜奖项目,下午由评委专家对决赛入围项目进行一对一重点辅导培训,晚上熟悉场地并做好准备;第三天上午举行决赛(比赛规则为 5 分钟路演答辩＋专家提问),根据评委现场评分结果,前 15 名授予金奖,后 15 名授予银奖,下午返程。

六、奖项设置及有关要求

(一)奖项设置

大赛设金奖、银奖、铜奖三个等级的奖项。其中金奖项目 15个、银奖项目 15 个、铜奖项目若干。大赛获奖项目,将优先推荐参加全国赛。获奖项目作为所在团委年终考核加分依据。主办方将对各地、各高校推荐情况和入围、获奖情况进行通报。

（二）项目成果转化

大赛结束后，组委会将组织专业团队将获金、银奖的优秀项目汇编成册，作为浙江省青年志愿服务项目精品案例，在全省范围宣传推广。

（三）有关要求

各市团委志工部负责人须带队参加培训、复赛、决赛，各市团委分管副书记须参加决赛观摩。

附件二

关于举办 2018 年浙江省志愿
服务项目大赛的通知

各市团委、志工委办公室、志愿者协会,各省属企业、省属高校团委、志愿者协会,省直机关团工委,省志愿者协会各直属分会:

为深入贯彻落实党的十九大精神,引导志愿服务组织和广大志愿者在改革开放四十周年之际为奋力推进"两个高水平"浙江建设做出更大贡献,大力挖掘、扶持、宣传我省志愿服务优秀项目,不断推动志愿服务项目化、长效化、品牌化发展,同时为第五届中国青年志愿服务项目大赛做好推介工作,经研究决定,举办 2018 年浙江省志愿服务项目大赛。

一、活动主题

人人志愿＋ 建功新时代

二、活动时间和地点

2018 年 5—6 月,浙江省团校

三、主办承办单位

主办单位：共青团浙江省委、浙江省志愿服务工作委员会办公室、浙江省志愿者协会。

承办单位：浙江省团校、浙江省社会工作与志愿服务协会、志愿汇。

四、组织机构

本次大赛设立组委会和评委会。

（一）组委会

由主办和承办单位有关领导担任组委会主任、副主任，相关处室负责人担任组委会成员，负责整个大赛的组织领导、宏观决策、统筹协调和督促落实。

（二）评委会

由组委会成员和专家评委共同组成，负责制定评审标准组建专业评审团、开展项目评审等工作。

各地可根据实际，成立相应的组委会和评委会，负责本地本系统大赛的组织开展、项目评审、资源统筹、交流推介以及监督管理等工作。

五、项目申报范围

志愿服务项目申报类别具体分为阳光助残、关爱农民工子女及留守儿童、邻里守望与为老服务、环境保护与节水护水、扶贫开发与应急救援、文化宣传与网络文明、禁毒教育与法律服务、理论研究与基础建设、其他领域 9 大类。鼓励"垃圾分类"和助力"最多跑一次"改革方面的优秀志愿服务项目申报。

六、具体安排

(一)项目征集(截至 2018 年 5 月 20 日)

项目申报主体为各级团组织、各类志愿服务组织及其他社会组织。共征集项目 100 个。

(二)项目初审(2018 年 5 月下旬)

根据评审办法,大赛评委会将组织专家对上报的项目书面材料进行初审,择优选取 80 个项目进入复赛,并对项目按照类别进行分组分类。

(三)培训、复赛、决赛(2018 年 6 月上旬)

开展培训和复赛,决出决赛入围项目共 30 个,根据评委现场评分结果,前 10 名授予金奖,后 20 名授予银奖,未入围决赛的 50 个项目授予铜奖。

七、奖项设置与激励保障

(一)奖项设置

大赛设金奖、银奖、铜奖三个等级的奖项。其中金奖项目 10 个、银奖项目 20 个、铜奖项目 50 个。2017 年和 2018 年省志愿服务项目大赛获奖优秀项目,将优先推荐参加全国志交会。对于获得金奖的已实施项目,由团省委、省志愿者协会纳入"2017—2018年度浙江省优秀志愿服务集体"进行表彰。

(二)项目扶持培育

获奖项目可登陆"亲青筹""永不落幕的志交会"平台,进行资金众筹,也可通过志愿汇等平台开展志愿者招募。

八、有关要求

各有关单位要高度重视项目选拔申报工作,精心做好宣传发动和项目指导培育。各地市团委推报项目前,须举办地市一级的志愿服务项目大赛,确保推报质量。请于 5 月 20 日前将项目申报表上报至指定电子邮箱。

附件三

关于举办 2017 年浙江省志愿
服务项目大赛的通知

各市团委、志工委办公室、志愿者协会，各省属企业、省属高校团委、志愿者协会，省直机关团工委，各省志愿者协会直属分会：

　　为深入贯彻党的十八大和十八届三中、四中、五中、六中全会要求，认真学习习近平总书记系列重要讲话精神，深入贯彻共青团全面深化改革的各项要求，积极搭建志愿服务沟通交流的平台，促进志愿服务项目发展，营造支持参与、热爱志愿服务的社会氛围，结合我省工作实际，团省委、省志工委办公室决定联合举办 2017年浙江省志愿服务项目大赛，继续提升赛会的知名度和影响力，助推我省志愿服务事业发展。

一、活动主题

人人志愿＋　共建六个浙江

二、活动时间

2017 年 8 月 10 日—9 月 28 日

三、主办承办单位

主办单位:团省委、省志工委办公室。

承办单位:省志愿者协会、省团校、省社会工作与志愿服务协会。

四、组织机构

本次大赛设立工作机构和评审机构。

(一)领导机构

大赛设立领导小组,由主办单位有关部门负责同志组成,负责整个大赛的组织领导、宏观决策和督促落实工作。团省委负责大赛的组织筹备工作,指导承办单位机构做好大赛项目的申报受理、组织评审、赛前培训、资源对接、成果运用等工作。

(二)工作机构

在领导小组的领导下,设立大赛筹备工作小组,由团省委志工部,统筹指导大赛方案、项目申报、联络协调、会务组织、监督管理等工作;由省志愿者协会、省团校设计与执行志愿服务项目大赛方案、组织赛前培训、省级评审、成果转化等具体落地工作。

(三)评审机构

由大赛筹备工作小组负责邀请的与志愿服务事业相关的职能部门负责人、专家学者、基金会或社会团体负责人、志愿者典型代表等人士组成,负责制定评审标准、组建专业评审机构、评审等工作。

各地可根据实际,成立相应的领导机构、工作机构和评审机构,负责本地本系统大赛的组织开展、项目评审、资源统筹、交流推介等工作,并负责获奖项目的监督管理、成果转化等工作。

五、主要内容及推进步骤

整个活动分为两个部分。

(一)项目申报和集中评审

1.项目申报与初评(2017年8月10日至9月10日)

项目申报主体为各级团组织、各类志愿服务组织及其他社会组织。申报项目,具体分为阳光助残、关爱农民工子女及留守儿童、邻里守望与为老服务、环境保护与节水护水、扶贫开发与应急救援、文化宣传与网络文明、禁毒教育与法律服务、理论研究与基础建设、其他领域9大类。由各地市团委通过初评推荐进入省赛的项目,全省拟定80个项目进入省赛。各单位要明确一名具有一定志愿服务工作经验的工作人员作为本次大赛的联络员,并填写联络员统计表,于8月15日18:00前发送至指定电子邮箱,于9月10日18:00前将初评推荐进入省赛的项目大赛申报表上报至指定电子邮箱。

2.项目复评(2017年9月11日至9月22日)

根据评审办法,大赛筹备工作小组将组织专门人员对省赛入围项目进行审核与评分。

3.赛前培训(2017 年 9 月 25 日至 9 月 27 日)

将邀请相关专家及实务导师对省赛入围项目负责人及骨干在浙江省团校集中进行赛前培训,提升其志愿服务项目的策划、执行、督导、评估等实务操作能力,为本次大赛的成功举办做好前期的技能准备(培训安排另行通知)。

4.省级终评(2017 年 9 月 27 日至 9 月 28 日)

由大赛筹备工作小组负责组织实施,根据项目复评,并参考赛前培训的情况,于 9 月 27 日公布 30 个决赛项目名单,未进入决赛环节的 50 个项目授予铜奖,于 9 月 28 日进行决赛,所有决赛项目将采用路演方式,由专家评委进行现场评分,最终评选出金奖项目 10 个、银奖项目 20 个。

(二)成果转化和项目培育

1.成果转化(2017 年 9 月及以后)

大赛结束后,筹备工作小组将所有获奖项目汇编成册,作为全省志愿服务项目精品案例,在全省范围内宣传推广,同时作为第三批精品项目加入浙江省志愿服务项目库。

2.跟踪培育(2017 年 9 月及以后)

依托团省委"亲青筹""永不落幕的志交会"平台,对 10 个金奖项目发起资金筹集,并对受助项目进行跟踪培育,实时监控受资助项目常态化运行情况,及时对受资助项目在实施过程中出现的问题提出优化意见和建议,定期开展能力建设活动和评价激励活动。支持优秀项目扩大实施范围和受益面,推动本地本系统受助项目和志愿服务组织实现持续深入发展。

六、奖项设置与激励保障

(一)奖项设置

赛会设金奖、银奖、铜奖三个等级的奖项。其中金奖项目 10 个、银奖项目 20 个、入围奖项目 50 个。

(二)政策支持

对于获得金奖的项目,由团省委、省志愿者协会纳入"2017—2018 年度浙江省优秀志愿服务项目"表彰。对于获奖的项目,纳入民政部门开展的政府向社会力量购买服务有关工作支持范围。

七、相关要求

(一)高度重视,广泛发动

要充分认识举办大赛的重要意义,精心组织,科学谋划。有条件的地市可以组织市、县级志愿服务项目大赛。坚持组织化动员与社会化动员相结合,面向工作对象、传统领域和新社会组织、爱心人士等层层宣传动员,通过媒体推广、网站宣传、热线咨询、巡回推介、专题发布等形式,广泛发动各级各类志愿服务组织参与大赛。

(二)尊重首创,青年为本

尊重基层首创精神,强化对基层的支持,加强资金、项目、人员等资源整合,将优惠政策和资源向基层倾斜,重点扶持基层志愿服务项目。把以青年为本的理念贯穿始终,充分发挥青年志愿者的创造性,积极鼓励青年参与志愿服务的积极性,努力为青年志愿者创造自我展示的舞台。

(三)赛会结合,立足常态

以赛促交流,以赛促发展,建立健全办赛办会的长效机制,推进志愿服务项目化运作、社会化动员、常态化发展。在办好比赛的基础上,更加注重文化交流活动,广泛交流志愿服务思想理念,发挥"风向标"作用。

(四)牵动各方,扩大影响

协调与赛会相关的各政府部门、社会组织、企事业单位等,形成强大的工作合力,在全社会营造支持、热爱、参与志愿服务的氛围。综合运用报纸、电视、广播、网络等各种媒体对大赛进行全方位立体化宣传,重点要在当地主流媒体上进行专题报道,形成声势。

涉及赛会有关事宜,可与团省委志工部联系。

参考文献

[1] 陆士桢.中国特色志愿服务概论[M].北京:新华出版社,2017.

[2] 王忠平,沈立伟.志愿服务组织建设与项目管理[M].北京:中国人民大学出版社,2018.

[3] 谭建光.志愿服务:理念与行动[M].北京:人民出版社,2014.

[4] 徐本亮.社会组织管理精要十五讲[M].上海:上海社会科学院出版社,2018.

[5] 邱服兵,涂敏霞,沈杰.中国志愿服务典型项目研究[M].北京:人民出版社,2015.

[6] 共青团中央青年志愿者工作部.社会主义核心价值观与青年志愿者行动[M].北京:人民出版社,2015.

[7] 张晓红,任炜,李凌,等.大型活动志愿服务的组织与管理[M].北京:中国青年出版社,2014.

[8] 项目臭皮匠.项目百子柜——一本社工写给同行者的工具书[M].北京:中国社会出版社,2017.

[9] 丁元竹,江汛清,谭建光.中国志愿服务研究[M].北京:北京大

学出版社,2007.

[10] 中国志愿服务联合会.中国志愿服务发展报告(2017)[M].北京:社会科学文献出版社,2017.

[11] 沈杰.志愿行动:中国社会的探索与实践[M].北京:人民出版社,2009.

[12] 钟一彪.国家治理视野下的高校青年公益志愿组织建设[J].中国青年研究,2014(9):45-48.

[13] 王婕.中国青年志愿服务项目的现状与对策研究——基于505个志愿服务项目的数据调查[J].中国青年研究,2016(6):48-53.

[14] 赵少华,王华琳.新时期高校志愿服务发展的机遇、挑战与对策[J].中国青年研究,2017(12):40-46.

[15] 陶然.志愿服务特征新探:基于国家和社会治理现代化视角[J].江苏社会科学,2016(6):103-107.

[16] 浙江省团校课题组,王雁.浙江省志愿服务制度化建设的演进与发展趋势研究[J].青少年研究与实践,2019,34(1):80-86.

[17] 蒲清平,赵楠,王婕.志愿服务对志愿者政治认同的影响研究——基于全国志愿服务项目大赛的大数据调查[J].重庆大学学报(社会科学版),2017(2):129-137.